Wai Yie Leong
Joshua Theah Yoon Kean
Leong Yok Ben

Redes de sensores sem fios

Wai Yie Leong
Joshua Theah Yoon Kean
Leong Yok Ben

Redes de sensores sem fios

ScienciaScripts

Imprint

Cover image: www.ingimage.com

This book is a translation from the original published under ISBN 978-3-659-86287-8.

Publisher:
Sciencia Scripts
is a trademark of
Dodo Books Indian Ocean Ltd. and OmniScriptum S.R.L publishing group

120 High Road, East Finchley, London, N2 9ED, United Kingdom
Str. Armeneasca 28/1, office 1, Chisinau MD-2012, Republic of Moldova, Europe
Managing Directors: Ieva Konstantinova, Victoria Ursu
info@omniscriptum.com

Printed at: see last page
ISBN: 978-620-8-37290-3

Conteúdo

Resumo

Originalmente, as RSSF foram criadas para facilitar a vigilância militar, mas a sua aplicação alargou-se a áreas como a monitorização, o tráfego, a segurança, a construção, a saúde, etc. Uma RSSF contém centenas ou mesmo milhares de nós sensores. Cada nó sensor é constituído por um transcetor com uma antena, um microcontrolador, uma fonte de energia e um circuito eletrónico com interface. As dimensões e o custo de uma RSSF também variam consoante os parâmetros dos sensores, como a velocidade de computação, a memória, a largura de banda e o consumo de energia [1]. As 5 concepções de PCB de RSSF mais utilizadas são MICAz, LOTUS, TelosB, IRIS e Cricket. Cada um tem as suas próprias vantagens e limitações, bem como aplicações. A arquitetura de uma RSSF foi claramente apresentada na secção D, onde é geralmente constituída por nós sensores, um sumidouro e um servidor de RSSF. Existem 3 topologias de rede principais: estrela, árvore e malha. A deteção de nós críticos pode ser efectuada através de algoritmos. A questão da eficiência energética da recolha de dados também foi apresentada, juntamente com os métodos de poupança de energia disponíveis.

Existem alguns critérios principais para a conceção de redes de sensores sem fios, alguns dos quais são a dimensão reduzida, o baixo consumo de energia e o baixo custo. Além disso, a conceção do hardware tem de ser capaz de suportar as três principais tarefas de um nó sensor: detetar, computar, controlar, comunicar e hibernar. A programação por software pode ser utilizada para ajustar a alimentação eléctrica necessária para o núcleo. Além disso, existem poucas soluções para o problema da colocação dos sensores e das redes de actuadores, que são as abordagens menos visitadas recentemente, como a abordagem de implantação, a abordagem baseada em clusters, as forças virtuais e a relocalização dos sensores. Há três partes principais no projeto de uma casa inteligente, que foram abordadas neste relatório. São elas os componentes físicos, o sistema de comunicação e o sistema de controlo. Para além disso, foi abordado neste relatório um exemplo de uma casa inteligente que utiliza um sistema de comunicação Zigbee. Além disso, foi também analisada uma casa inteligente que utiliza o software Labview para controlar o sistema de iluminação interna e externa, o sistema de alarme de incêndio e segurança e o sistema de temperatura.

Capítulo 1. Introdução

História

Pode dizer-se que a rede de sensores sem fios (RSSF) começou por ser a primeira rede de sensores distribuídos (DSN). Esta ideia foi inicialmente introduzida pelos militares em meados de 1900. Na altura, o principal objetivo desta tecnologia de deteção distribuída era localizar e distinguir submarinos. Este sistema específico foi designado por Sistema de Vigilância Sonora (SOSUS) e inclui todos os atributos de um sistema de sensores (sistema hierárquico de processamento de dados, distribuição, etc.). O SOSUS é constituído por sensores acústicos, também conhecidos por hidrofones, que foram instalados na base do mar [2].

Por volta dos anos 80, a (DAPRA), abreviatura de Defence Advanced Research Projects Agency (Agência de Projectos de Investigação Avançada da Defesa), assumiu o programa de Redes de Deteção Distribuída [3]. Isto foi feito na esperança de descobrir uma nova abordagem ao seu objetivo inicial. Começaram a testar a sua aplicação em diferentes máquinas de comunicação, que mais tarde foram anunciadas na Rede da Agência de Projectos de Investigação Avançada (ARPANET). A principal responsabilidade dos engenheiros e investigadores nessa altura era criar uma rede de sensores distribuídos por áreas, capaz de funcionar e trocar informações/dados de forma autónoma, mas que pudesse ser feita de forma económica. Até hoje, estes requisitos continuam a ser utilizados para o desenvolvimento de redes de sensores. Assim, também se pode dizer que o trabalho efectuado pela DARPA foi uma referência para as futuras RSSF.

Durante essa mesma década, investigadores do Massachusetts Institute of Technology (MIT), em Cambridge, e da Carnegie Mellon University (CMU), em Pittsburgh, colaboraram e foi criado um novo ramo das redes de sensores distribuídos. O objetivo da nova rede de sensores era detetar aeronaves que voavam baixo, utilizando também sensores acústicos. Como demonstração, estes sensores acústicos foram instalados numa plataforma, que estava ligada a nós móveis. Estes nós estavam ligados a um computador centralizado através de um canal de transmissão sem fios. No entanto, nessa altura, os nós sem fios eram caros e de grandes dimensões, o que exigia veículos de grande porte, como camiões, para os transportar. Esta era uma grande desvantagem e o sistema só conseguia detetar objectos que voavam a baixa altitude e de trajetória fácil a curtas distâncias [4]. No entanto, esta rede de sensores estava à frente do seu tempo e criou mais incentivos para o desenvolvimento de redes de sensores.

Rapidamente se tornou evidente que a aplicação da DSN utilizando uma enorme quantidade de nós sensores era do maior interesse, pelo que programas como o *Wireless Integrated Network Sensors* (WINS) e o *Low power Wireless Integrated Micro sensors* (LWIM) foram integrados em 1993 e em meados da década de 1990, respetivamente [5]. O WINS incorpora alguns sistemas num único sistema, que tem capacidade de ligação em rede sem fios, tecnologia de sensores, computação e processamento de sinais [5]. A investigação do WINS foi efectuada na Universidade da Califórnia, Los Angeles (UCLA), em parceria com o Rockwell Science Centre.

O projeto abrangeu as muitas caraterísticas diferentes da RSSF, tais como pontos para processamento de sinal, uma integração mais próxima do transcetor, várias concepções de protocolos de rede, elementos para deteção, nomeadamente o sensor de sistema micro-electromecânico (MEMS) e outros elementos para minimizar grandemente o seu tamanho. Além disso, a ligação da DSN à Internet também foi considerada uma prioridade na investigação da UCLA. Foi considerado bem-sucedido quando os WINS foram capazes de suportar um grande número de nós sensores, com a condição de serem capazes de transmitir dados a intervalos de 1-100kbps e obter a menor área de cobertura de transcetor necessária [6]. O primeiro deste género foi revelado em 1996, passando a designar-se WINS NG (nova geração).

A plataforma de hardware do WINS continha uma memória buffer, um conversor analógico digital, um elemento sensível e um analisador de espetro. O único objetivo desta plataforma era a computação consecutiva. Para além disso, o hardware está equipado com um transcetor de baixo consumo e um processador de sinal digital. Além disso, os componentes acima referidos foram todos calibrados de acordo com as restrições de consumo de energia regulamentadas, devido à pequena bateria de iões de lítio que é necessária para alimentar o nó sensor durante um longo período de tempo. Esta eficiência energética foi obtida com a redução da velocidade do processamento do sinal, a redução do débito de dados do canal de rádio e a diminuição do alcance da conetividade do nó sensor. Foi também implementada a aplicação das tecnologias MEMS e CMOS *(Complementary metal-oxide- semiconductor)* para a deteção de elementos e produção de circuitos de integração. Por último, a eficiência energética também pode ser alcançada através da redução das exigências em termos de atrasos de resposta das RSSF [7].

A investigação do LWIM também foi efectuada na Universidade da Califórnia, Los Angeles (UCLA) e foi patrocinada pela DARPA [8]. Como o nome sugere, o objetivo desta investigação era construir um módulo de rede de sensores sem fios de baixa potência. Além disso, os investigadores pretendiam torná-lo o mais compacto possível, para que pudesse ser instalado em qualquer lugar e com facilidade. O produto final que foi feito consistia num sensor de infravermelhos, um sensor de vibração, uma velocidade de transmissão de dados de aproximadamente 1 kbps e um transcetor de baixa potência que tem um alcance de 30 m (901-929 MHz) [9]. Este módulo específico foi feito especialmente para aplicações de monitorização e controlo, tais como: manutenção de motores sem fios para monitorização do estado dos veículos, monitorização de presença sem fios para processos de fabrico e monitorização de doentes sem fios para fins medicinais.

Em 1999, foi descoberto um outro desenvolvimento significativo das RSSF na Universidade da Califórnia, Berkeley, que recebeu o nome de programa PicoRadio [10]. O objetivo desta investigação era construir uma RSSF de baixo custo, de preferência capaz de funcionar utilizando energia renovável (energia solar). O protocolo PicoRadio criou uma possibilidade substancial que permitiu que a plataforma da RSSF fosse extremamente flexível para muitas aplicações diferentes [11]. Nessa mesma altura, a Universidade da Califórnia, em Berkeley, também estava a realizar investigação sobre a construção do mais pequeno dos nós sensores. Este programa foi designado por programa Smart Dust e, tal como o nome sugere, os investigadores tinham a intenção de tornar os nós sensores tão pequenos como partículas de pó. A "poeira inteligente" seria libertada no ar e fluiria ao longo das massas de ar durante várias horas de cada vez. Os principais componentes desta poeira inteligente consistiriam num díodo laser, num sensor e num espelho MEMS, todos densamente embalados numa caixa MEMS com o objetivo de transmitir e obter radiação ótica [12].

A configuração do programa que permite a transmissão de dados através da reflexão de raios de luz utilizando um microespelho foi concluída com sucesso no ano 2001. O resultado final consistiu num sensor de pressão barométrica, humidade, temperatura, inclinação, intensidade luminosa, campo magnético e vibração, tudo isto embalado numa polegada cúbica. Além disso, havia também um transmissor de comunicação com alcance de 20 metros, um rádio bidirecional, uma bateria que pode funcionar uma semana de forma contínua e um controlador com microprocessador [13]. No entanto, durante o período de montagem, muitos outros projectos ultrapassaram o programa do pó inteligente. Alguns exemplos são: Center for Embedded, Network of Embedded Systems (NEST), Networked Sensing e Berkeley Webs na UCLA.

O ano de 1999 foi também um ano memorável para o Massachusetts Institute of Technology (MIT), que começou a trabalhar no projeto micro-Adaptive Multidomain Power-aware Sensors (pAMPS). Este projeto aborda um horizonte totalmente novo de questões desafiantes, especificamente na aplicação e conceção das RSSF [14]. A pedra angular da investigação foi o desenvolvimento de software e hardware de baixo consumo para os nós sensores, utilizando microcontroladores capazes de escalar a tensão e a capacidade de reconstruir algoritmos de processamento de dados para minimizar o consumo de energia [15]. Dois elementos cruciais envolvidos no projeto pAMPS podem ser vistos na figura abaixo;

- To achieve a satisfactory lifetime, an extreme focus needs to be placed on energy efficiency, both at the level of the individual sensor nodes and of the entire network;
- Unattended operation under hard to control conditions requires intelligence that is pushed far into the network, allowing self-configuration, reconfigurability and flexibility.

Figura 1: Os elementos cruciais do projeto pAMPS [14].

Mais tarde, o projeto foi dividido em duas partes separadas, devido ao facto de quererem testar duas versões diferentes do nó sensor. Foi-lhe dado o nome de *j* AMPS-I e *j* AMPS-II. Estas versões foram criadas e testadas com base no ASIC, abreviatura de Application Specific Integrated Circuit (circuito integrado de aplicação específica), e funcionaram com base na conceção e na arquitetura do sistema atribuídas, para obter a configuração e a eficiência energética necessárias. Uma extensão desta investigação foi o protocolo de comunicação da rede de sensores, nomeadamente o Low Energy Adaptive Clustering Hierarchy (LEACH). Este protocolo tem a função de distribuir aleatoriamente o nó de coordenação de uma rede. Por outras palavras, o LEACH foi programado como um algoritmo de agrupamento de nós. Dado que o nó coordenador é, sem dúvida, o maior consumidor de energia numa RSSF, ao distribuir aleatoriamente um nó sensor diferente para fazer de nó coordenador, o consumo de energia seria muito reduzido. Isto também resultará num aumento do tempo de vida da RSSF LEACH. Esta teoria foi testada e os resultados foram claros: se a RSSF continuasse a ter o seu nó coordenador inalterado, a RSSF iria muito provavelmente falhar e o seu tempo de vida diminuiria.

Nos anos 2000 e 2001, investigadores e programadores da SensIT realizaram 2 experiências com o Corpo de Fuzileiros Navais dos EUA. A prioridade destas experiências era inspecionar as capacidades de processamento de sinais nas instalações de testes aéreos e terrestres do Corpo de Fuzileiros Navais em Twentynine Palms, Califórnia. Os resultados foram a melhoria da precisão dos nós de sensores de identificação, seguimento e deteção de alvos, que desempenham um papel importante na guerra moderna. O programa foi construído de forma única, em que tanto o hardware como o software têm uma função de poupança de energia com elevada capacidade de sobrevivência e resposta a curto prazo. Além disso, o SensIT melhorou a programabilidade e a interatividade das RSSF. Por outras palavras, é possível realizar multitarefas entre vários utilizadores simultâneos através da RSSF.

A versão 1st da norma IEEE 802.15.4 Low-Rate Wireless Personal Area Network foi lançada no início dos anos 2000 pelo Institute of Electrical and Electronics Engineers (IEEE) [16]. Atualmente, a norma não só foi modificada como foi significativamente melhorada para poder controlar níveis baixos de protocolos de nós sensores (nível de controlo de acesso ao meio e nível físico). Os níveis mais elevados são controlados por outras normas que podem ser acrescentadas a esta. Ao longo dos anos, cada vez mais normas ultrapassaram o IEEE 802.15.4 (atualmente considerado de baixo nível). Normas como o ZigBee [17], WirelessHART [18] e 6loWPAN (IPv6 over Low power Wireless Personal Area Networks) [19], cada uma delas tem as suas próprias melhorias e soluções para as RSSF. Acima de tudo, o Zigbee é atualmente a norma mais utilizada em comparação com as restantes. Isto deve-se muito provavelmente ao facto de o ZigBee criar redes de área pessoal utilizando protocolos de comunicação de alto nível. O ZigBee baseia-se nas camadas de controlo de acesso aos meios e na camada física, tal como mencionado na norma IEEE 802.15.4.

Desde então, a RSSF percorreu um longo caminho desde que foi descoberta. O nível de flexibilidade, facilidade de utilização e disponibilidade que a RSSF obteve ao longo dos anos é verdadeiramente notável e tudo isto graças às investigações efectuadas pelas organizações académicas mencionadas. Sem dúvida, a RSSF continuará a progredir mais e melhor nos próximos anos.

Visão geral das aplicações

Tal como referido na subsecção anterior, embora as RSSF tenham sido inicialmente criadas para fins de vigilância militar, percorreram um longo caminho desde então e muita coisa mudou. Atualmente, as RSSF são amplamente utilizadas em todo o mundo para funções como a monitorização e a recolha de dados do ambiente. Para além de contribuírem para a deteção distribuída de um ou mais parâmetros, as RSSF também funcionam como controlo do processamento desses objectos ou parâmetros. Por exemplo, uma RSSF pode ser instalada numa estrutura por razões como o controlo automático das condições de construção. Uma vez instalados, estes nós sensores autónomos começam a interagir e a trocar dados. Estes dados podem então ser utilizados para comparar com os dados obtidos de outros nós sensores de outras partes do edifício, para que profissionais como empreiteiros/engenheiros/supervisores possam controlar e supervisionar em tempo real, bem como prever eventuais condições de emergência.

Nas últimas duas décadas, muitos representantes da indústria e grupos de investigação mostraram interesse nas RSSF e, desde então, o desenvolvimento da tecnologia das RSSF disparou. Este facto prova que as aplicações das RSSF são altamente promissoras e constituem uma solução viável para muitos problemas que serão enumerados a seguir. O crédito também é devido ao progresso tecnológico da microeletrónica que tornou esta causa inteiramente possível. Isto significa que, devido ao progresso da microeletrónica, foi possível construir um sensor de pequenas dimensões, eficiente em termos energéticos e barato. Outro fator que tornou as RSSF tão bem sucedidas foi o rápido desenvolvimento dos sistemas microelectromecânicos e das tecnologias sem fios. medida que as tecnologias sem fios se tornam mais fiáveis (parâmetros de funcionamento melhorados) e o seu preço diminui, não é de surpreender que o mercado das RSSF não só tenha disparado como esteja constantemente a produzir um número permanente de adeptos. Esta razão única tornou possível a migração gradual da antiga tecnologia com fios para a nova tecnologia sem fios.

Atualmente, as RSSF são utilizadas em praticamente tudo, seja na construção, na produção, nos transportes, na segurança, na guerra ou mesmo no apoio à vida. Por exemplo, na gestão de ambientes de emergência, os nós de sensores podem detetar o ambiente circundante para prever catástrofes iminentes. Na área biomédica, os implantes cirúrgicos de sensores podem ajudar a monitorizar o estado de saúde do paciente. A deteção sísmica pode detetar a ocorrência de erupções e terramotos apenas com a implantação de um ad hoc em zonas vulcânicas [21]. A lista continua, mas a seguir apresentam-se algumas das aplicações de uma RSSF na sociedade atual.

- Military target tracking and surveillance
- Timely detecting of possible mechanism failure, when controlling such parameters as vibration, temperature, pressure, etc.
- Control of access to remote monitoring object systems in real time mode;
- Buildings and constructions condition control automation
- Smart house
- Energy saving and resource saving
- Biomedical health monitoring
- Ecological parameters of environment control
- Natural disaster relief
- Hazardous environment exploration and seismic sensing

Figura 2: As diferentes aplicações das RSSF [22-27]

Pilha de protocolos de rede

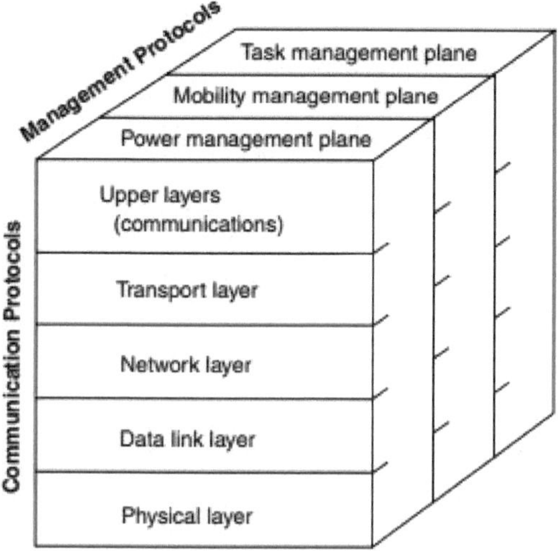

Figura 3: Pilha geral de protocolos [28].

Cada nó sensor e cada sumidouro têm uma pilha de protocolos incorporada na sua construção. Uma pilha de protocolos tem por objetivo integrar dados com protocolos de rede, sensibilizar para as rotas, promover tentativas de cooperação entre nós sensores e comunicar energia de forma eficiente através de um meio sem fios. Geralmente, uma pilha de protocolos é constituída por duas partes principais: os protocolos de comunicação e os protocolos de gestão. E sob estes protocolos existem vários níveis e planos. Cada camada serve um objetivo diferente, dependendo da aplicação ou da tarefa em causa. Como se pode ver na figura acima, os protocolos de comunicação consistem numa camada superior ou também conhecida como camada de aplicação, uma camada de transporte, uma camada de rede, uma camada de ligação de dados e uma camada física. A figura seguinte mostra a função de cada camada.

TABLE 1.2 Possible WSN Protocol Stack[a]

Upper layers	In-network applications, including application processing, data aggregation, external querying query processing, and external database
Layer 4	Transport, including data dissemination and accumulation, caching, and storage
Layer 3	Networking, including adaptive topology management and topological routing
Layer 2	Link layer (contention): channel sharing (MAC), timing, and locality
Layer 1	Physical medium: communication channel, sensing, actuation, and signal processing

Figura 4: Função de cada camada [28].

Quanto ao protocolo de gestão, é composto pelos planos de gestão da energia, da mobilidade e das tarefas. O objetivo destes planos é ajudar os nós sensores a coordenar a sua tarefa e, ao mesmo tempo, reduzir o consumo total de energia. A figura abaixo mostra ainda a função específica de cada plano de gestão.

Management planes	Functions
Power management plane	Manages how a sensor node uses its power. For example, the sensor node may turn off its receiver after receiving a message from one of its neighbours. This is to avoid getting duplicated messages. Also, when the power level of the sensor node is low, the sensor node broadcasts to its neighbours that it is low in power and cannot participate in routing messages. The remaining power is reserved for sensing.
Mobility management plane	Detects and registers the movement of sensor nodes, so a route back to the user is always maintained, and the sensor nodes can keep track of who are their neighbour sensor nodes. By knowing who the neighbour sensor nodes are, the sensor nodes can balance their power and task usage.
Task management plane	Balances and schedules the sensing tasks given to a specific region. Not all sensor nodes in that region are required to perform the sensing task at the same time. As a result, some sensor nodes perform the task more than the others depending on their power level.

Figura 5: As funções de cada plano de gestão [28].

Capítulo 2. 5 desenho da placa de circuito impresso da rede de sensores sem fios disponível

MICAz

Um mote MICAz é um dos modelos de PCB mais utilizados, devido ao facto de ser fácil de implementar [29]. Também é considerado para RSSF de baixa potência. Esta conceção intrigante é normalmente utilizada em espaços interiores para aplicações como a monitorização da segurança. Este desenho incorpora componentes como um processador, um transcetor RF 802.15.4, um flash logger, um conetor de expansão, uma antena e um conetor MMCX.

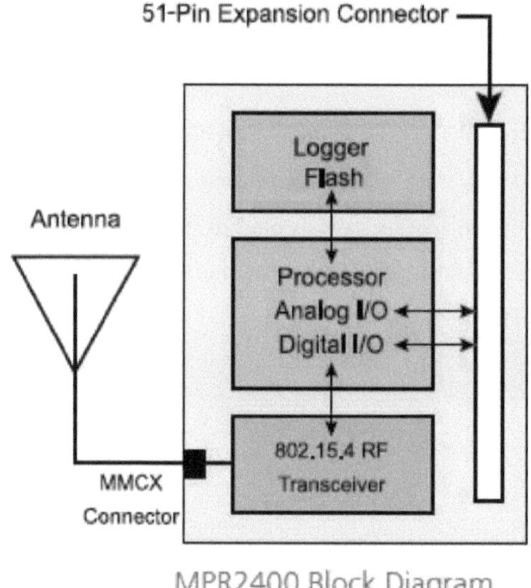

Figura 6: Diagrama de blocos do MICAz

Figura 7: Desenho da placa de circuito impresso MICAz [30]

LÓTUS

A conceção do mote LOTUS foi feita para conter o potencial de aumentar a funcionalidade total dos produtos WSN da MEMSIC. Este mote é normalmente utilizado para aplicações como a monitorização industrial, de manutenção, de vibrações e sísmica, bem como para a sua análise. Componentes envolvidos no fabrico de um LOTUS: núcleo CPU, rádio, SRAM, FASH, gestão de energia, FLASH série e GPIOs DSP.

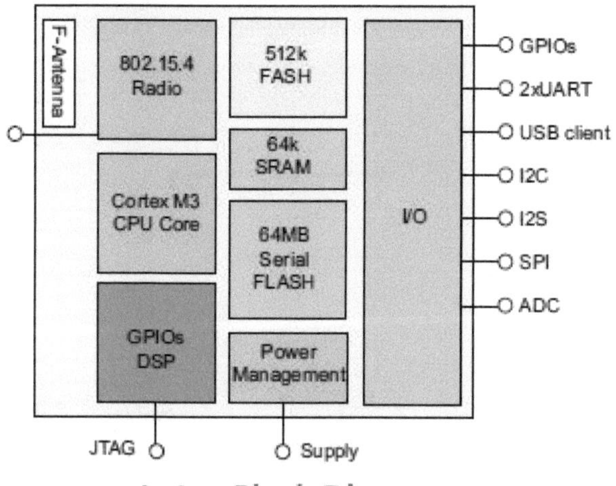

Figura 8: Diagrama de blocos do LOTUS

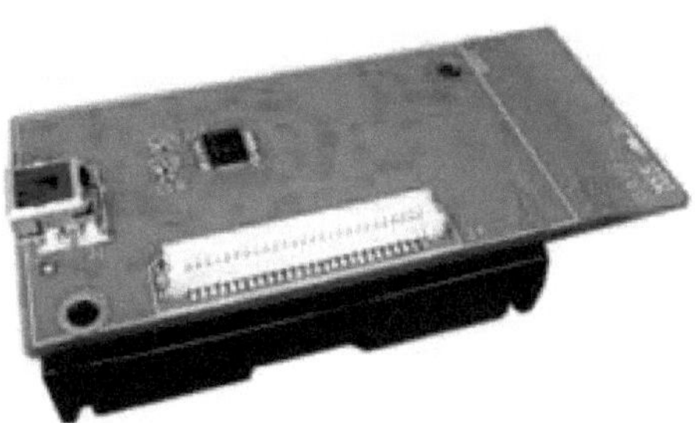

Figura 9: Desenho da placa de circuito impresso LOTUS [31].

TelosB

Tal como o MICAz, este projeto é uma RSSF de baixa potência, mas funciona sobretudo como uma plataforma para a experimentação de uma rede de sensores sem fios e para o desenvolvimento de investigação de RSSF de baixa potência. Este projeto inclui um ID de série, um flash logger, um rádio, um conetor USB, um sensor de luz e humidade, um conetor de 10 pinos e um controlador MSP 430.

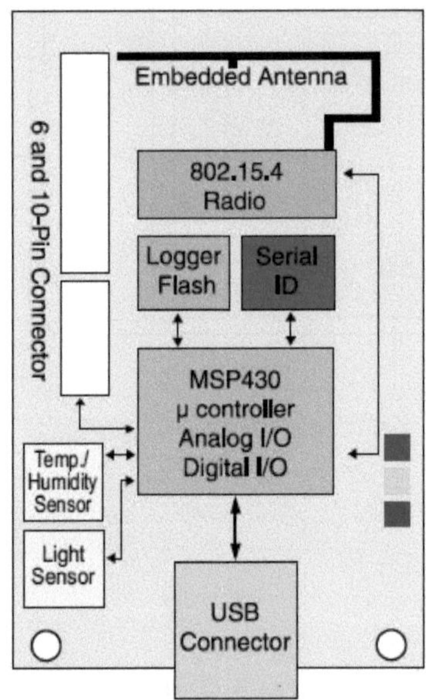

TPR2420CA Block Diagram

Figura 10: Diagrama de blocos do TelosB

Figura 11: Desenho da placa de circuito impresso TelosB [32]

IRIS

A aplicação do IRIS pode ser amplamente encontrada em sensores de alta velocidade, monitorização da segurança em interiores e redes de sensores de grande escala. O projeto é o mais simples entre os outros projectos mencionados, com apenas 3 componentes: Flash Logger, processador e um transcetor RF 802.15.4.

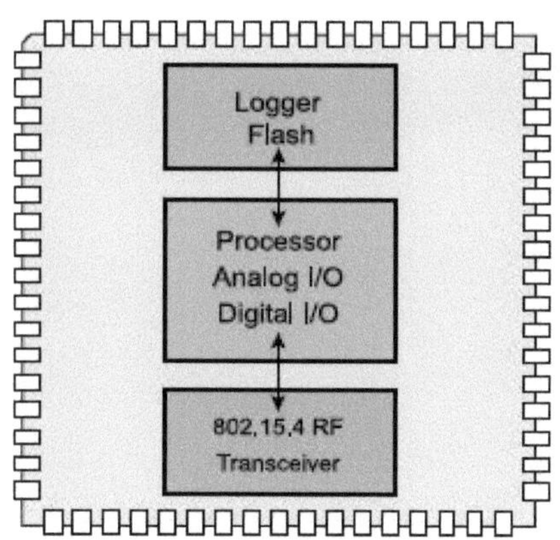

XM2110CB Block Diagram

Figura 12: Diagrama de blocos do IRIS

Figura 13: Conceção da placa de circuito impresso IRIS [33].

Críquete

A implementação desta conceção pode ser vista normalmente no rastreio humano, na investigação sobre localização por ultra-sons, na computação ubíqua e no sistema de localização interior. Componentes encontrados neste mote: uma antena externa, um conetor MMCX, um recetor US, um transmissor US, um rádio, um processador, um flash logger, um conetor de expansão de 51 pinos e uma porta série RS-232.

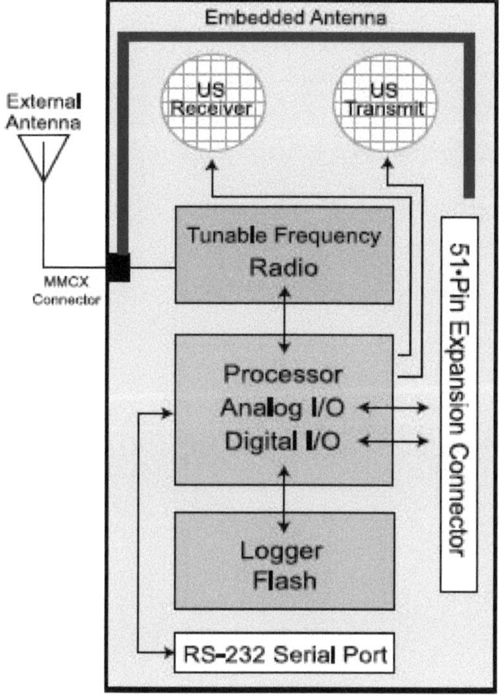

Figura 14: Diagrama de blocos do Cricket

Figura 15: Desenho da placa de circuito impresso do grilo [34].

Capítulo 3. A arquitetura, as caraterísticas, as funcionalidades, a topologia, as vantagens e as limitações de uma rede de sensores sem fios.

Arquitecturas, caraterísticas e funcionalidades

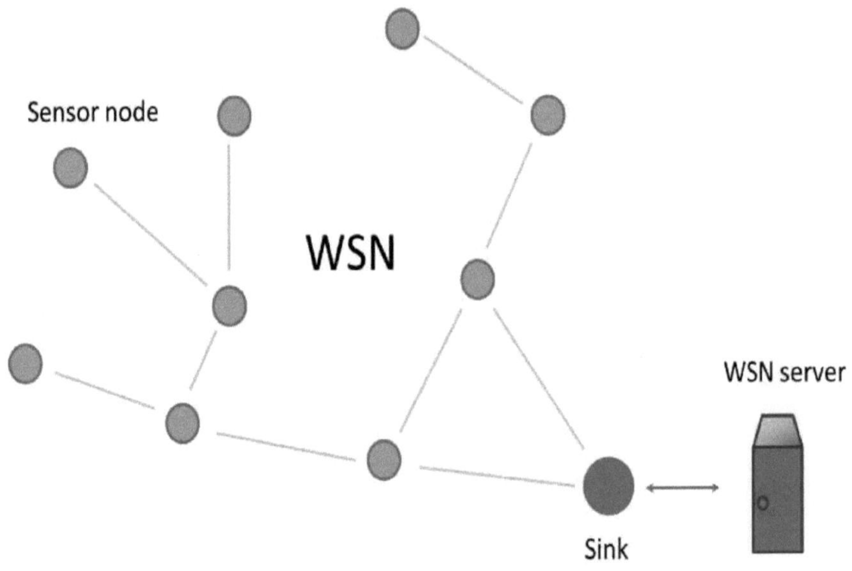

Figura 16: Um exemplo de RSSF

A figura acima mostra um exemplo simples e geral de RSSF que pode ser encontrado no mercado. As RSSF são basicamente sistemas distribuídos espacialmente, constituídos por uma enorme quantidade de nós sensores, que podem ir de centenas a milhares. Todos ligados a um canal de ligação sem fios que forma uma rede, como se pode ver acima. Cada um dos nós sensores é como um pequeno dispositivo constituído por um elemento sensível, um microcontrolador e um transcetor. A figura abaixo mostra a estrutura de um nó sensor

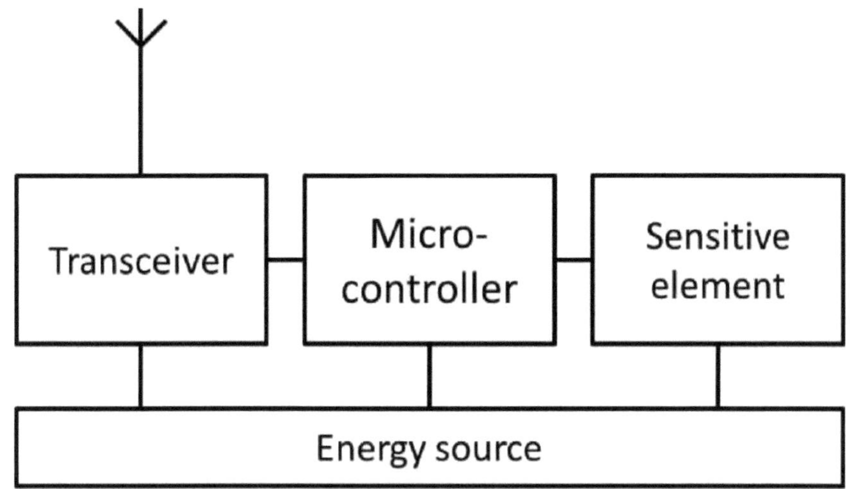

Figura 17: A estrutura de um nó sensor

Naturalmente, estes nós sensores são independentes. O único objetivo de um nó sensor é medir as condições físicas, como a vibração, a humidade, a temperatura e a pressão, e depois convertê-las em dados digitais legíveis. Além disso, um nó sensor pode também atuar como um sistema de armazenamento para guardar dados previamente medidos antes de os transmitir. Pode também verificar-se que existe um dissipador localizado entre a dúzia de nós sensores e o servidor da RSSF. Este dissipador funciona como um portão que monitoriza os dados que entram e saem do servidor da RSSF. Também se pode dizer que um sumidouro de rede actua como um nó que reúne dados funcionais e os transfere para o servidor da RSSF. Assim, é obrigatório fornecer ao nó de drenagem a sua própria fonte de alimentação estacionária. Deve também estar ligado a um servidor que seja mais do que capaz de processar os dados obtidos a partir da RSSF. Se a RSSF e o servidor estiverem sob o mesmo objeto, podem ser ligados diretamente. As interações globais utilizando a rede global são um dos muitos resultados possíveis de uma RSSF.

Além disso, com a utilização de um transcetor de baixa potência, a comunicação de uma RSSF é possível através de um canal de transmissão sem fios. No entanto, o alcance de comunicação de cada nó sensor é curto, o que significa que não será capaz de transferir dados diretamente para o nó sumidouro. Assim, resulta na utilização de uma grande quantidade de nós sensores, sendo que cada nó sensor transmite os seus dados para o nó sensor mais próximo. Outro fator que provoca a utilização de uma enorme quantidade de nós sensores é o facto de o transcetor em cada nó sensor ter um conteúdo energético muito limitado, o que também impossibilita a transmissão direta de dados. E, mais uma vez, a única forma é retransmitir os dados para o nó sensor mais próximo e assim sucessivamente até chegar ao sumidouro. Devido a este fator, é importante lembrar que o alcance de um nó sensor é apenas de algumas dezenas de metros, na melhor das hipóteses.

O microcontrolador no interior do nó sensor funciona como um componente que recolhe dados e permite que o nó sensor seja ligado a outros nós sensores. Está programado com um conjunto de algoritmos capazes de detetar elementos e controlar o transcetor. Além disso, o microcontrolador também monitoriza a bateria no nó sensor e é capaz de alterar as definições operacionais para prolongar a vida útil da bateria se esta estiver a ficar fraca.

É também evidente que outra caraterística excecional da RSSF é o facto de ser uma ligação intra-rede auto-organizada. Esta caraterística permite a distribuição espacial aleatória dos nós sensores e dos nós sumidouros para configurar uma RSSF em conformidade. Além disso, se alguma vez surgir um problema de ligação durante a utilização da rede, o sistema continua a poder funcionar sem que todo o sistema se desmorone e falhe. Isto é possível porque a RSSF apenas alteraria o seu modo de funcionamento para não utilizar os nós perdidos para a transmissão de dados. Esta caraterística surpreendente facilita muito a manutenção e o processo de instalação, pois permite que a RSSF crie ou acrescente novos nós ao sistema de forma independente. Com esta caraterística, a RSSF é capaz de reconstruir e reagir a quaisquer alterações, sejam elas boas ou más, no sistema em tempo real. Por último, os algoritmos de auto-organização desenvolvem uma transmissão de dados mais eficiente em termos energéticos.

Topologia da rede

No início da secção D, foi descrita a aplicação tradicional de recolha e tratamento de dados. Tornou-se evidente que uma RSSF terá certamente um ponto de recolha de dados, chamado "sumidouro". No entanto, há outras aplicações que exigem que os nós sensores troquem dados entre si e não se limitem a retransmitir dados para o sumidouro. Isto leva-me a dizer que existem vários esquemas de organização da interação entre o servidor e os nós sensores. Resumidamente, estes esquemas são designados por topologias de rede e existem basicamente 3 tipos principais, que são a topologia em estrela, em árvore e em malha. A utilização das diferentes topologias de rede depende dos diferentes padrões de RSSF que têm de ser suportados.

Estrela

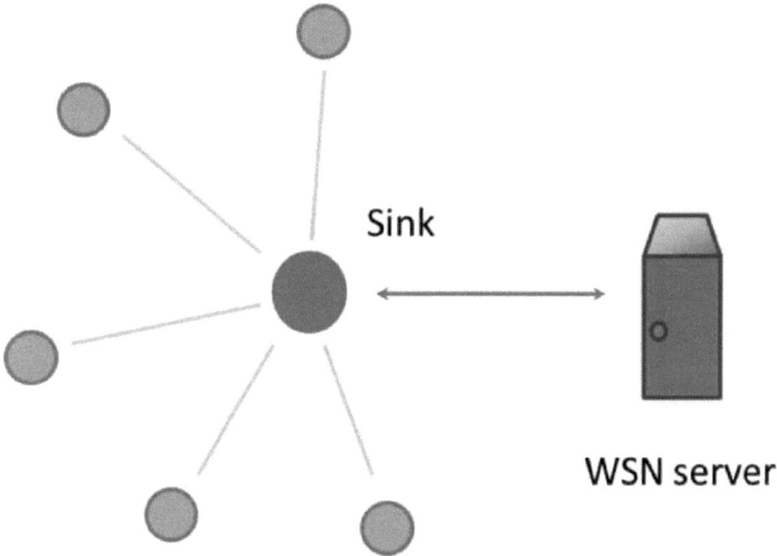

Figura 18: A topologia em estrela

Como o nome sugere, a topologia em estrela assemelha-se à forma de uma estrela, como se pode ver na figura acima. Isto deve-se ao facto de os nós sensores estarem todos ligados diretamente ao sumidouro. Por outras palavras, os nós sensores não estão ligados a quaisquer outros nós sensores e estão apenas ligados através do sumidouro. A principal desvantagem desta topologia é que a RSSF só pode suportar uma quantidade limitada de nós sensores, o que faz com que o desempenho do sumidouro seja baixo. Isto deve-se ao facto de os nós sensores terem de estar posicionados perto de um sumidouro para estabelecerem uma ligação direta. Esta topologia específica é maioritariamente utilizada em redes informáticas.

Árvore

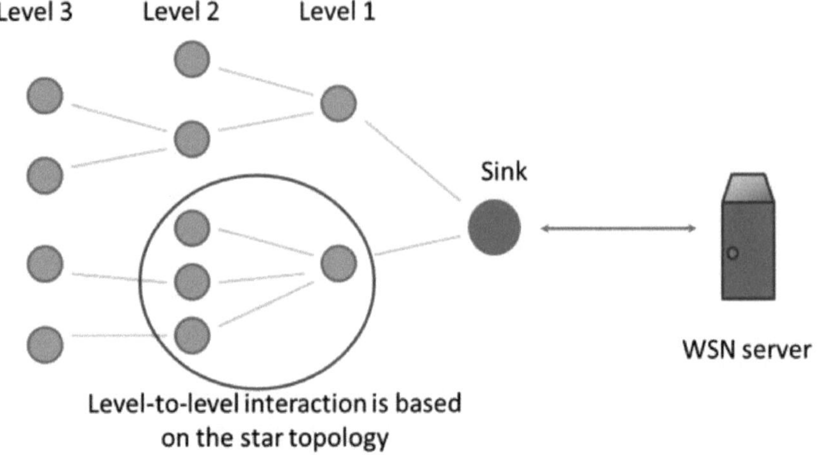

Figura 19: A topologia em árvore

Por outro lado, a topologia em árvore é uma espécie de oposto em comparação com a topologia em estrela. Esta topologia específica é utilizada para suportar uma enorme quantidade de nós sensores. Isto deve-se à sua disposição hierárquica única, como mostra a figura acima. No entanto, não é possível a troca direta de dados entre os nós sensores. A transmissão de dados ocorre apenas do nó sensor para o sumidouro e vice-versa. Além disso, os dados fluem por ordem de um nível com mais nós sensores para um nível com menos nós sensores. O nível maior de nós é chamado de folhas e os mais pequenos são chamados de ramos e depois de raízes. Como exemplo, os dados fluem da esquerda para a direita na figura acima, onde é evidente que todo o tráfego é transmitido através do primeiro nível/ nível mais pequeno (2 nós em 11) para o sumidouro. A desvantagem aqui é que a rede pode falhar devido ao consumo de energia dos nós sensores mais próximos do sumidouro.

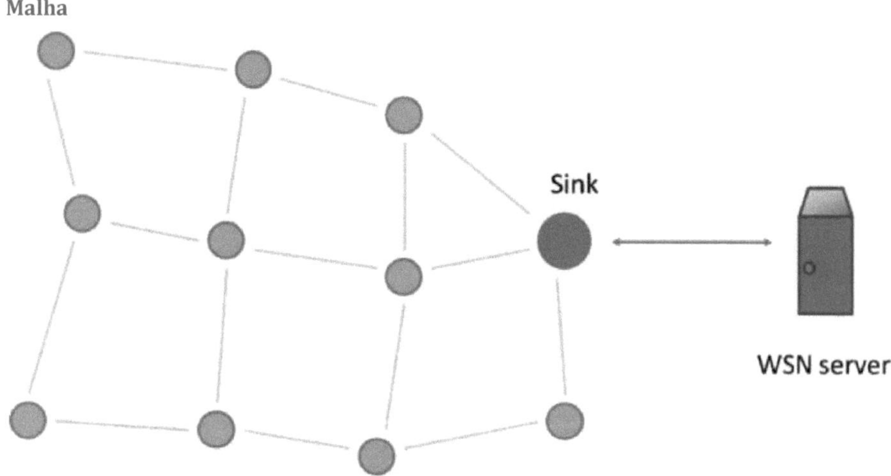

Figura 20: A topologia da rede

Entre as três topologias principais, a topologia em malha é a mais difícil de utilizar. Em contrapartida, é a que oferece a maior possibilidade de troca de dados entre os nós sensores. Isto deve-se à regra integrada de ligação com qualquer nó sensor próximo, desde que esteja dentro do alcance de conetividade do transcetor. Consequentemente, a ligação entre cada nó sensor é a indicada na figura acima. O resultado deste princípio permite que os dados sejam transmitidos pelo caminho mais curto possível, o que também resulta numa melhor eficiência energética, uma vez que a quantidade de retransmissões é menor.

Limitações

Além disso, é igualmente importante reconhecer que o atual nível de avanço tecnológico exige que os investigadores e os criadores obtenham continuamente o equilíbrio de parâmetros como a produtividade do nó sensor, o seu conteúdo energético, o tamanho, o alcance do transcetor, a funcionalidade, o custo, etc. A figura abaixo demonstra a relação entre os principais parâmetros dos nós sensores. A direção das setas mostra a relação entre os parâmetros, sendo que a melhoria de uma extremidade da seta resultará no agravamento da outra extremidade. Por exemplo, o desenvolvimento para a redução do tamanho resultará inevitavelmente num aumento do custo, bem como numa diminuição da sua funcionalidade, da duração da bateria e da cobertura. Assim, a responsabilidade de desenvolver um novo software ou hardware para uma RSSF necessita de um planeamento adequado e de ter em conta o surgimento de novas tecnologias de RSSF e a expansão do seu âmbito de aplicação.

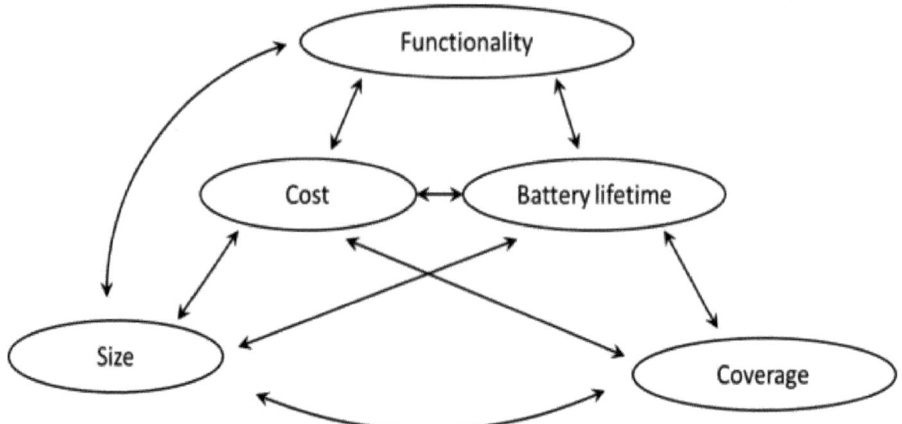

Figura 21: Correlação dos parâmetros do nó sensor primário

Capítulo 4. Análise da deteção de nós críticos.

A deteção de nós críticos pode ser efectuada através de algoritmos. A identificação destes nós críticos pode ajudar a aumentar a eficiência da RSSF. O padrão exibido pelo nó crítico determinará os algoritmos necessários para a deteção específica do nó crítico. O procedimento para criar estes algoritmos é o seguinte;

1. A matriz apresentada na rede é primeiro escrita.
2. O nó final e o nó de origem são considerados nós críticos, desde que ambos os nós tenham apenas um único 1.
3. São examinados os pares de nós ligados que têm valores correspondentes alternados.
4. Este par de nós é então removido da matriz e o caminho desde a origem até ao fim é verificado. Se o caminho já não existir, então o par de nós é crítico e vice-versa.

Os passos acima são basicamente a redução de uma grande rede numa rede mais pequena para tornar a tarefa de descobrir onde se encontra o nó crítico mais simples e fácil. Em outras palavras, extrair uma matriz de adjacência de toda a rede. A deteção do nó crítico começa realmente após o terceiro passo. Ao remover apenas o par de colunas que tem valores correspondentes alternados, o algoritmo torna-se eficiente para o cálculo. Isto deixa ainda a possibilidade de os pares de nós com valores de linha de 1-1 serem potenciais candidatos a nós críticos. De seguida, experimente se o caminho desde a origem até ao fim continuará a existir quando essa linha correspondente em particular for retirada da equação. Se o caminho continuar a existir, então o par de nós não é o nó crítico. Se desaparecer, então o nó crítico foi encontrado. Para uma compreensão clara de todo o segmento, um exemplo da matriz de rede pode ser visto abaixo.

S1 = source node

R6 = destination node

Other node = intermediate nodes. These intermediate nodes may form or reform the link

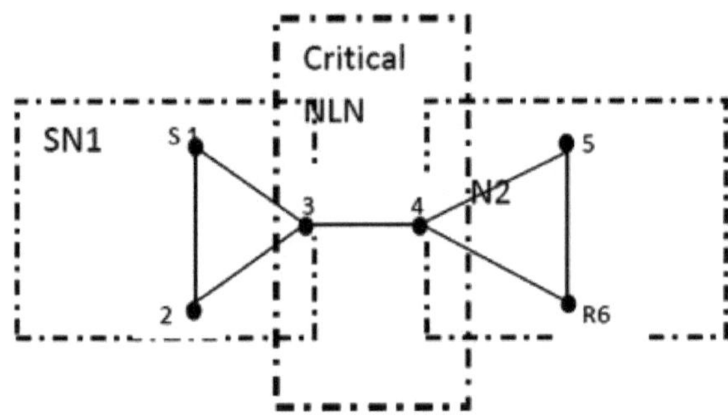

Figura 22: Um exemplo de uma rede Ad-Hoc [35]

	1	2	3	4	5	6
1	0	1	1	0	0	0
2	1	0	1	0	0	0
3	1	1	0	1	0	0
4	0	0	1	0	1	1
5	0	0	0	1	0	1
6	0	0	0	1	1	0

Figura 23: A rede Ad-Hoc em forma de matriz.

O passo 1 foi efectuado através da disposição da matriz. O passo 2 é determinado pela análise da coluna de origem e da coluna final (primeira e sexta colunas, respetivamente). Neste caso, como a coluna de origem e a coluna de fim contêm mais do que um único valor, não podem ser consideradas como nós críticos. O passo 3 é efectuado e o seu resultado é apresentado na figura acima (na caixa). Como se pode ver, apenas as colunas 3 e 4 não têm o par de nós 1-1 presente nas 6 linhas, pelo que estas duas colunas são retiradas. A figura seguinte mostra a matriz depois de {(3, 4)} ter sido retirada.

	1	2	5	6
1	0	0	0	0
2	1	0	0	0
5	0	1	0	1
6	0	1	1	0.

Figura 24: Matriz depois de retirar {(3, 4)}

A partir da figura acima, o último passo pode ser aplicado. É evidente que não existe um caminho da origem até ao fim. Isto só pode significar que o par de nós {(3, 4)} é de facto a ligação crítica. Estes algoritmos também podem ser programados. Um exemplo de algoritmo programado para deteção de nó crítico pode ser visto na página seguinte.

Algorithm critical_link(G,n,source,destination)

```
{
Is_critical_link: = false;
source_critical :=false;
destination_critical:=false;
If (there exist only one node u adjacent from source) /* check
for source node as critical-node
{
Divide the network into single subnetwork G1;
critical_link(G1,n-1,u,destination);
source_critical =true;
}
If (there exist only one node v adjacent from destination)/*
check for source node as critical-node
{
Divide the network into single subnetwork G1;
critical_link(G1,n-1,source,v);
destination_critical =true
}
For (each connected _link _pair (u,v) in G ) do      / * u can't
be source node if source_critical =true , v can't be destination
node if destination_critical =true) */
{
If (u,v has alternate or zero-zero values at same column) then
{
 If (by removing (u,v) link from G does not contain the path
from source to destination) then
  {
        Is_critical_link := true;
        Break;
     }
  }
}
if(is_critical_link=true)
{
Divide the graph into two subnetworks (G1,n1) and (G2,n2)
 critical_link(G1,n1,source,u);
critical_link(G2,n2,v,destination);
}
```

Figura 25: Algoritmo programado para a deteção de nós críticos [36]

Capítulo 5. O problema da recolha de dados com eficiência energética por pias/actuadores móveis e os modelos de poupança de energia disponíveis

Questões relacionadas com a recolha de dados

Numa RSSF, o procedimento de compilação de informação e sua transferência para a base central é designado por recolha de dados [37]. Os dados recolhidos serão depois processados e estudados [38]. Existem geralmente duas técnicas de recolha de dados, nomeadamente a recolha de dados baseada em elementos móveis e a recolha de dados baseada em nós estáticos [39]. Para aplicações como a deteção e o seguimento de objectos, os dados recolhidos têm de ser sensíveis ao tempo. Isto significa que o tempo necessário para que os dados sejam processados e transmitidos à sua estação deve ser em tempo real (sem atrasos). Por outro lado, aplicações como a rede de sensores acústicos subaquáticos ou a monitorização do ambiente não necessitam de transferência de dados em tempo real [40].

Essencialmente, há três fases principais no processo de recolha de dados: a fase de implantação, a fase de difusão de mensagens de controlo e a fase de entrega de dados, por ordem. A fase de implantação aborda os problemas encontrados no seu domínio de deteção. Na fase seguinte, a fase de difusão das mensagens de controlo, as mensagens de comando e/ou a configuração da rede são distribuídas entre os nós sensores e a estação de base. A última fase, que é a fase de entrega de dados, completa o processo de recolha de dados [41].

O principal problema na construção de uma RSSF tem sido sempre a sua eficiência energética. É necessária uma grande quantidade de nós sensores para fazer funcionar a rede de sensores durante um longo período de tempo, pelo que é importante torná-la eficiente em termos energéticos. A partir daí, é crucial que a implementação de um projeto eficiente em termos energéticos se adeqúe ao respetivo processo de recolha de dados; quanto maior for o processo de recolha de dados (maior quantidade de energia necessária), maior deverá ser a eficiência energética [42]. Outro problema enfrentado é que, sempre que o consumo de energia diminui, a precisão da recolha de dados, especialmente para a monitorização ambiental, também diminui. Este compromisso tem sido, desde há muito, um objetivo difícil de alcançar.

Além disso, os atrasos entre o processamento e a geração de dados em aplicações como a monitorização de campos de batalha também têm sido um problema e devem ser reduzidos. Este facto deve-se à longa distância entre o ponto de receção e os nós [43]. Além disso, outras operações militares também requerem redes ad-hoc e uma recolha de dados em tempo real mais fiável. Este facto dificulta a conjugação do tempo real e da fiabilidade. Assim, as técnicas de eficiência energética também devem ser realçadas neste domínio. Surgiram inúmeros problemas devido ao facto de o fornecimento de energia ser escasso para assegurar as várias operações com capacidade de sobrevivência da rede e uma comunicação fiável na RSSF [44]. A figura abaixo mostra algumas das restrições de uma RSSF na recolha de dados em tempo real;

Restrictions	Description
Limited Memory and Storage Space	The data size plays a significant role in guaranteeing real time data acquisition as the sensor nodes are small devices and due to their limited storage spaces, memories and processors. For example, the aggregation of data needs sufficient memory space and processor. The delay may increase in case the process is executed by non-sufficient memory nodes.
Energy Limitation	The computation as well as the communication processes within a node consumes energy. The sensor capabilities of the sensor nodes are extremely affected by the energy limitation. The real-time data is transmitted using the optimal solutions. It consumes low communication power. Critical issue is the energy consumption in aggregation
Environmental Limitations	Sensor nodes suffer many environmental difficulties like physical obstacles, node terminations, and unpredictable errors. It avoids the functioning of nodes, or communication interferences
Communication Constraints	The real time communication schemes between nodes are provided through some preventive actions. The relevant subjects of communication constraints are: - Unreliable communication - Bandwidth limitation - Frequent routing changes - Channel error rate
Additional Limitations	Since WSNs are deployed for particular objectives, new constraints related to the specified area are emerged. - Node mobility - Intermittent connectivity - Isolated subgroups - Population density

Figura 26: As restrições de uma RSSF na recolha de dados em tempo real

Modelos economizadores de energia

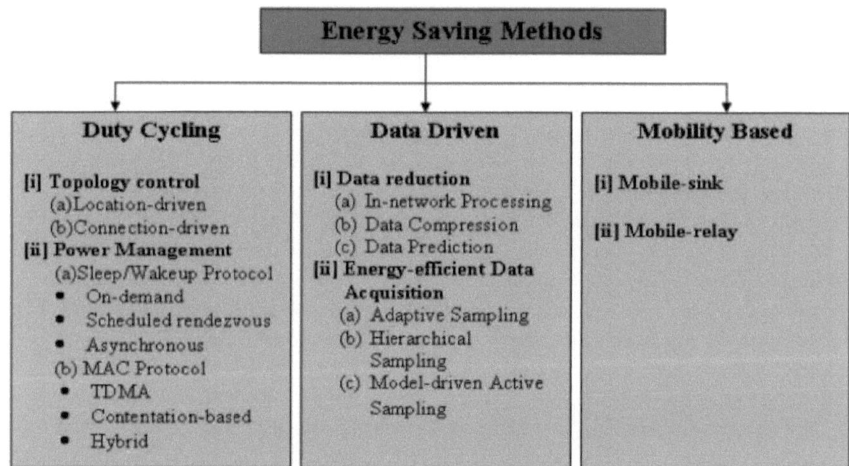

Figura 27: Os vários métodos de poupança de energia [45].

Como se pode ver na figura acima, existem três métodos principais de poupança de energia, nomeadamente o Duty Cycling, o Data Driven e o Mobility Based. Esta secção do relatório centrar-se-á apenas nos métodos de poupança de energia baseados na mobilidade. O conceito da abordagem baseada na mobilidade é simples: se os nós se tornarem móveis, o fluxo de tráfego pode ser alterado, partindo do princípio de que o dispositivo móvel é responsável pela recolha de dados dos nós sensores estacionários, fazendo com que as comunicações ocorram imediatamente, em vez de se esperar por uma passagem livre. Ao fazê-lo, os nós sensores podem conservar energia porque não é desperdiçada energia na espera por um caminho e também porque o comprimento da passagem foi minimizado. Esta abordagem pode ser agrupada em duas categorias diferentes, consoante a natureza do elemento móvel. É conhecida como a abordagem do sumidouro móvel e do retransmissor móvel. A figura abaixo mostra os objectivos respectivos das abordagens móveis e o seu funcionamento.

Mobile-sink-based approach	Mobile-relay-based approach
Many approaches projected in the literature about sensor networks with mobile sinks (MS) rely on a linear programming (LP) formulation which is used in order to optimize parameters such the network life span. In [46] the authors suggest a model consisting of a MS which can move to a limited number of locations (sink sites) to visit a given sensor and communicate with it. During visits to nodes, the sink stays at the locations for a period of time. Nodes not in the coverage area of the sink can send messages along multihop path ending at the MS and obtained using shortest path routing. Simulation outcome show that the multiple sink approach of [47] can achieve a network lifetime which is five/ten times longer than with the stationary sink approach. The model of [56] has been extended in [48], where no specific postulation is made on the way sensors are arranged in the sensing area. In addition [48] also considers the residual energy at sensors and the routing guidelines, so that it obtains network life time two times longer than one achieved with [46].	The Mobile Relay (MR) representation for data collection in multi-hop ad hoc networks has already been explored in the context of opportunistic networks [49]. One of the most famous approaches is given by the message ferrying scheme [50-55]. Message ferries are special mobile nodes which are introduced into a sparse mobile ad hoc network to offer the service of message relying. Message ferries move around in the network area and collect data from source nodes. They carry stored information and forward them towards the destination node. Thus, message ferries can be seen as a moving communication infrastructure which accommodates data transfer in sparse wireless networks.

Figura 28: Descrição das duas abordagens diferentes baseadas na mobilidade.

Capítulo 6. Conceção de hardware e software em redes de sensores sem fios

Existem algumas caraterísticas principais para a conceção das redes de sensores sem fios, que são a dimensão reduzida, o baixo consumo de energia e o baixo custo. Isto deve-se ao facto de um nó sensor sem fios mais pequeno permitir a sua instalação em mais locais ou cenários. Além disso, a razão pela qual é necessário um baixo consumo de energia prende-se com o facto de alguns dos nós sensores utilizarem uma bateria para se alimentarem. Assim, uma conceção com baixo consumo de energia permitirá que o sistema de rede de sensores funcione durante mais tempo. Além disso, quando cada nó aumenta um pouco o seu consumo de energia, o resultado é um grande aumento do consumo global de energia, o que se deve ao facto de existirem pelo menos centenas de nós numa rede de sensores sem fios. Como já foi referido, haverá uma grande quantidade de nós num sistema de rede sem fios, pelo que o custo de cada nó tem de ser reduzido para que o custo total do sistema seja baixo. Para conseguir um design de baixo custo, os nós sensores terão de ter uma frequência de relógio baixa, uma memória de dados pequena, uma bateria de longa duração e uma memória de programa pequena.

Hardware

O hardware do sistema deve suportar as três tarefas principais de um nó sensor, que são o controlo da computação sensorial, a computação da comunicação e a hibernação. Existem alguns recursos que um microcontrolador pode utilizar para implementar a tarefa principal do nó sensor. Os recursos são hardware de gestão de energia, memória de dados, memória de programa e unidade central de processamento. Um computador contém processador, memória e entrada/saída. Estes subsistemas estão ligados entre si através de uma estrutura de interligação.

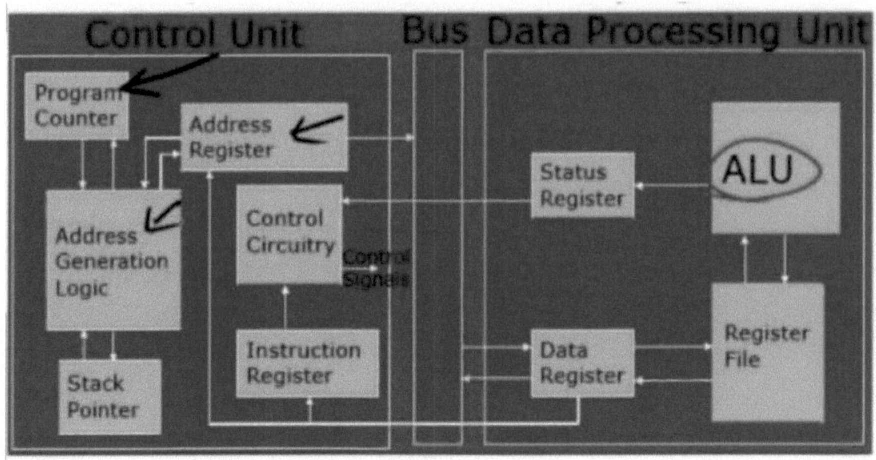

Figura 29: estrutura do processador

O processador do computador contém uma unidade de processamento de dados, um barramento e uma unidade de controlo. Além disso, a unidade lógica aritmética (ALU) funciona como um elo de ligação à arquitetura do computador. A ULA é concebida de acordo com o conjunto de instruções visado pelo processador. A arquitetura do conjunto de instruções (ISA) é composta por três partes principais. A primeira é o conjunto de instruções, ou seja, os comandos básicos fundamentais que o processador irá implementar. A outra parte principal é a largura do caminho de dados (8 ou 16 bits). A última é o modo de endereçamento, que inclui o endereçamento indexado, o endereçamento indireto e alguns outros modos. Além disso, o contador de programas na unidade de controlo serve para executar as instruções. A lógica de endereçamento serve para garantir que o processador possa comunicar com as memórias externas.

O núcleo de um processador está equipado com dois tipos de memórias on chip, que são a FLASH e a SRAM. A FLASH é a memória de programa e a SRAM é a memória de dados. Além disso, a unidade de gestão da memória é utilizada para ligar o núcleo do processador às memórias on chip. Os periféricos são dispositivos integrados na pastilha que permitem ao microcontrolador ligar-se ao mundo.

Existem alguns tipos de periféricos.

- Deteção: multiplexadores, comparador, contadores, conversor A/D
- Atuação: modulação por largura de impulso, convetor D/A
- Comunicação: USB, ethernal, série, rede de área de controlo

- Hardware de suporte: temporizador GPIO (E/S de uso geral)

Além disso, como já foi referido, o consumo de energia do dispositivo é muito importante, pelo que os componentes electrónicos terão de otimizar a sua eficiência energética. Os componentes electrónicos devem certificar-se de que não consomem energia se não estiverem a fazer algo útil.

Figura 30: STM32 da ST micro

A figura acima é o stm32 da ST micro. Este MCU mostra como um sistema incorporado é capaz de maximizar a sua eficiência energética. Trata-se de um MCU de 32 bits baseado num dos núcleos ARM. O STM32 é composto por 4 domínios principais, cada domínio utiliza uma tensão diferente para maximizar a eficiência de acordo com as suas próprias actividades.

- Domínio de alimentação principal do escravo
- Núcleo da CPU e periféricos
- FLASH
- RAM
- Domínio da tensão principal
- Supervisor de tensão principal
- controlo de baixa potência e watchdog independente
- Domínio da tensão RTC
- relógio em tempo real
- Registo de segurança
- Alimentação da bateria externa
- interrutor de alimentação

O domínio de tensão principal é o domínio que estará ligado a maior parte do tempo, permitindo assim que o domínio de energia principal escravo entre em suspensão. Além disso, também pode permitir que todo o dispositivo entre em suspensão. Quando todo o dispositivo está em suspensão, o sistema volta aos registos de reserva, o que permite que o núcleo da CPU poupe muita energia.

Além disso, ao mudar de fonte de energia, permite que a bateria do relógio de tempo real dure mais tempo.

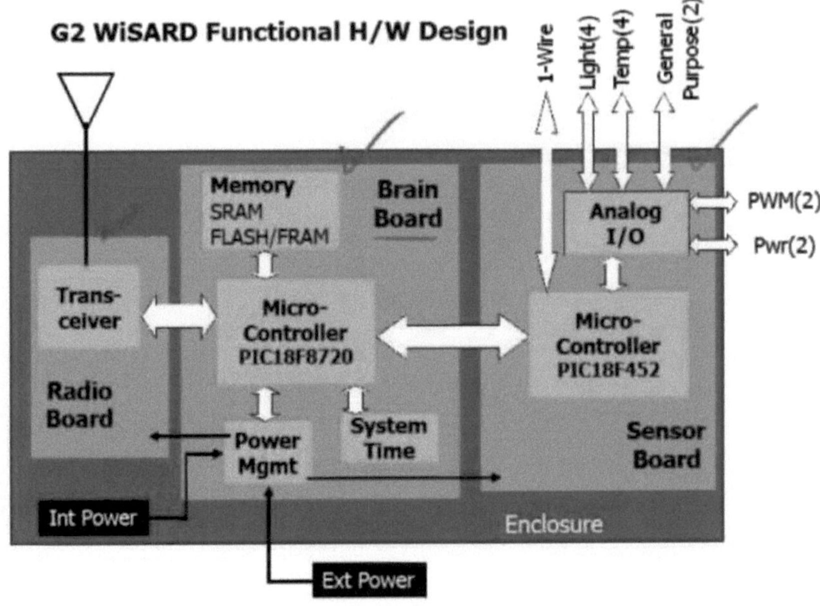

Figura 291:Conceção funcional H/W do G2 WISARD

A figura acima é o diagrama de blocos de hardware do projeto H/W funcional do G2 WiSARD. Este projeto é um modelo de nó de sensor para mostrar a ideia de pensamento de sistema. O diagrama acima mostra que existem 3 placas de circuito e 2 MCU.

- Placa de rádio (à esquerda)
- Quadro do cérebro (no meio)
- MCU (PIC18F452)
- controla as actividades do sensor
- liga-se ao transmissor-recetor de rádio que se encontra na placa de rádio
- memória externa: SRAM, FLASH, FRAM
- gestão de energia: permite a comutação automática da fonte de alimentação
- energia da bateria interna
- alimentação externa
- Placa do sensor (à direita)

- MCU (PIC18F8720)
- trata de todas as E/S analógicas com transdutores (luz, transdutores de temperatura)

Software

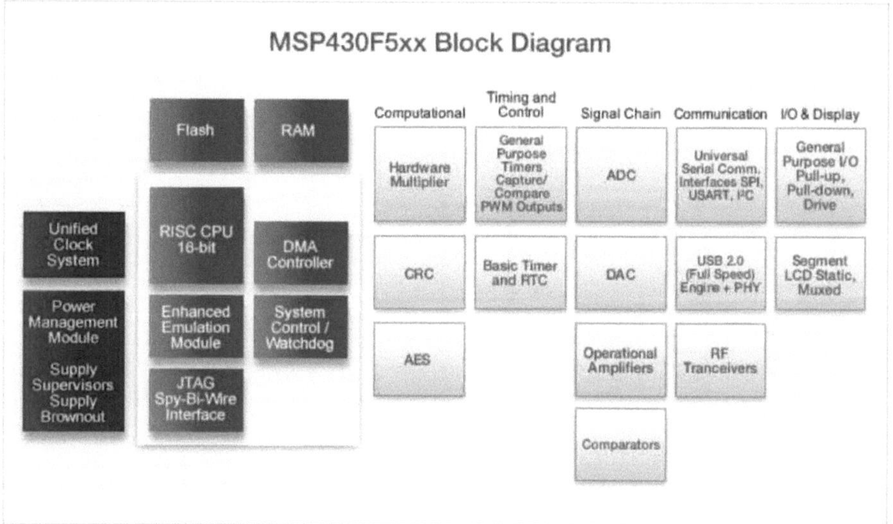

Figura 32: Diagrama de blocos do instrumento Texas

O diagrama de blocos acima é o diagrama de blocos do MSP430F5xx da Texas Instrument. Este diagrama de blocos mostra as relações entre o software que corre no sistema incorporado e o hardware. O MSP430MCU é um microcontrolador de muito baixo consumo da Texas instrument. No diagrama de blocos acima, o módulo de gestão da energia e o supervisor da tensão de alimentação estão relacionados com o software. Além disso, a tensão de alimentação do núcleo pode ser selecionada através de programação por software.

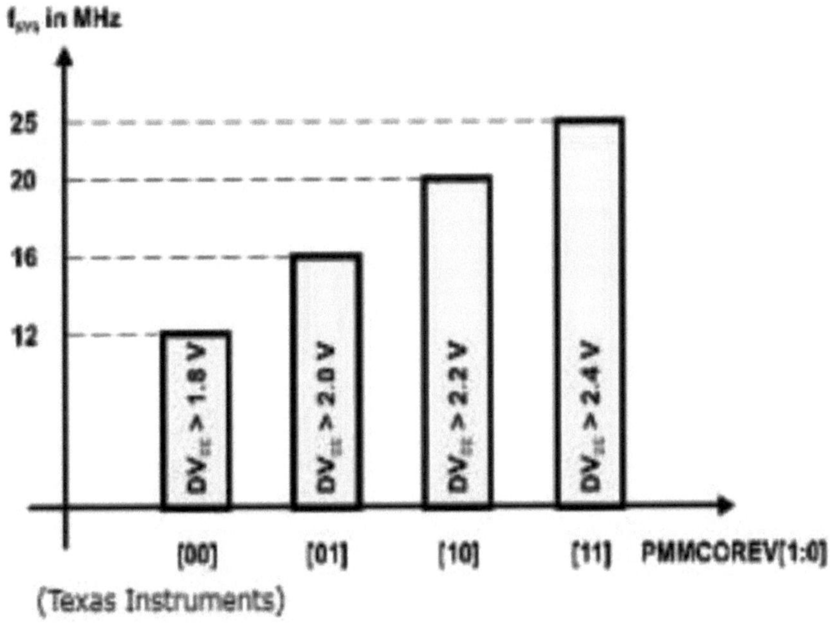

Figura 33: gráfico da frequência em função do PMMCOREV

O gráfico acima mostra que a tensão de alimentação será de 1,8 V quando o relógio funciona a 12 MHz e de 2 V quando o relógio funciona a 16 MHz. Assim, uma velocidade de relógio mais baixa significa um menor consumo de energia [59].

Capítulo 7. Soluções existentes para o problema da colocação de sensores em redes de sensores e actuadores sem fios

Abordagem menos visitada

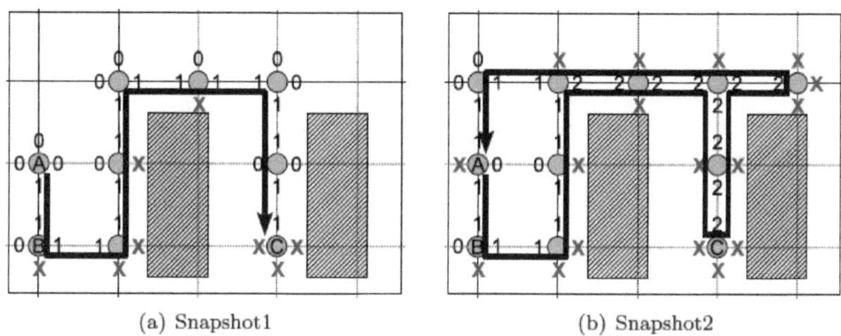

(a) Snapshot1 (b) Snapshot2

Figura 34: método de abordagem visitado menos recentemente

Esta abordagem é um algoritmo de colocação de sensores baseado num único atuador. Este algoritmo começa a partir de um local vazio. O atuador posiciona então um nó na sua posição atual. Cada um dos sensores mantém um conjunto de direcções ao longo das quais o atuador se pode afastar dele. Cada sensor enviará ao atuador uma mensagem com a sua direção menos visitada. O atuador partirá então para essa direção. Neste momento, o atuador pára em cada posição por um curto período de tempo e depois continua a sua posição seguinte. Se não houver nenhuma mensagem de sensor recebida nesse curto período, o atuador deixará um novo sensor nessa posição. No entanto, este método tem algumas desvantagens: o algoritmo não é claro quando deve terminar. Isto deve-se ao facto de o atuador apenas receber uma direção do sensor e não ter uma visão geral. Para além disso, o algoritmo pode terminar quando já não restam sensores.

Abordagem de implantação tipo cobra

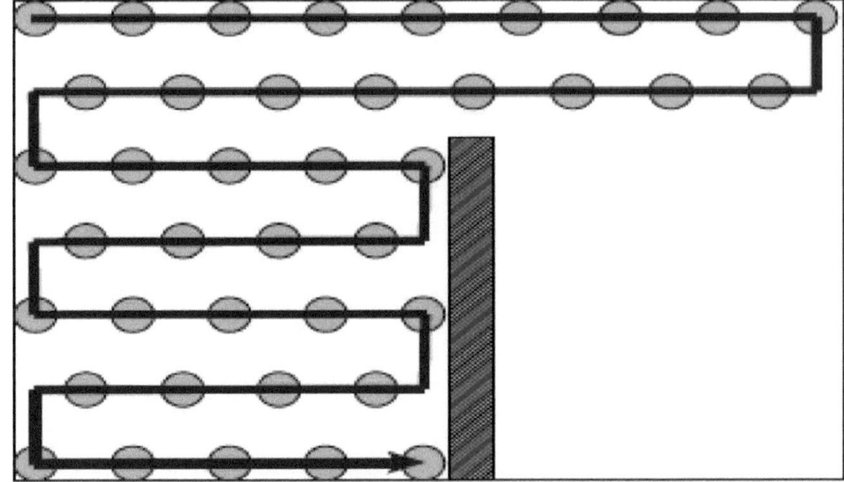

Figura 35: Abordagem de implantação tipo cobra

Neste método, é utilizado um único atuador móvel para posicionar o sensor estático. O atuador começará então a mover-se no canto superior esquerdo e a ter um movimento semelhante ao de uma cobra. Este atuador largará um sensor por cada V3r até se deparar com um obstáculo. Depois, desce por J|r, muda de direção e repete o mesmo processo. O algoritmo tentará desviar-se de buracos atrás do obstáculo, o atuador terá de quebrar o seu movimento natural para se desviar desses buracos. O atuador verifica no passo seguinte se há buracos ou não. O atuador mudará a sua direção para o buraco, se sentir algum. Assim, o atuador é capaz de se mover para baixo, para cima, para a direita e para a esquerda, de modo a reduzir a probabilidade de detetar buracos. No entanto, este método tem o mesmo problema que o método dos últimos visitantes, ou seja, não é possível controlar quando o algoritmo termina.

Abordagem baseada em cluster

O método baseado em Chuster é utilizado para reparar a cobertura utilizando actuadores. Este método é utilizado para substituir os sensores avariados na WSAN através da utilização de 3 protocolos de coordenação direta de actuadores. Em primeiro lugar, o protocolo centralizado, utilizando um atuador como gestor central e que irá tratar do relatório de falha do nó. O controlador central transmite a sua posição a outros sensores e actuadores. A localização mais recente de cada atuador será mantida através da escuta das actualizações da posição do atuador. O atuador mais próximo utilizará o seu sensor de reserva para substituir os sensores avariados. Quando o atuador se desloca para a sua posição de falha, continua a atualizar o gestor central com a sua localização. O segundo protocolo é o protocolo distribuído. Cada atuador será atribuído a uma sub-região e tratará do relatório do nó de falha regional. Este atuador também terá de tratar da substituição do sensor na sub-região. O algoritmo centralizado será então executado para cada sub-região. O protocolo seguinte é o protocolo dinâmico. Cada robô terá de atualizar a sua posição atual, os sensores que receberam várias actualizações apenas terão de retransmitir o robô mais próximo. O diagrama de Voronoi foi construído com base na contagem de saltos. As falhas dos sensores serão detectadas no relatório dos nós, os actuadores deslocar-se-ão então para o sensor em falha e substituí-lo-ão.

Forças virtuais

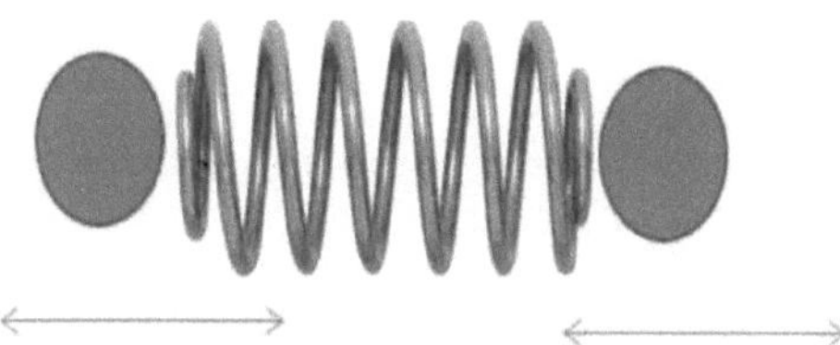

Trata-se de um método de auto-implantação do sensor. Isto acontece quando duas partículas electromagnéticas estão próximas e criam uma força de repulsão. Assim, esta força virtual empurra os sensores para longe.

Relocalização do sensor

A razão pela qual a deslocalização de sensores é importante é a redução do consumo de energia e do tempo de resposta. Se um substituto for descoberto, o substituto descoberto migrará então para a posição do sensor falhado [62].

Capítulo 8. Projectos relacionados com base em casa que utilizam redes de sensores sem fios.

Sistema doméstico inteligente

As casas do futuro vão transformar-se em casas inteligentes que integram uma rede de sensores sem fios de segurança. Esta rede é composta por três partes principais:

1. Componentes físicos: dispositivos electrónicos como actuadores e sensores.
2. Sistema de controlo: sistemas especializados ou sistemas de inteligência artificial.
3. Sistema de comunicação: rede sem fios

O sistema de comunicação serve para ligar os componentes físicos ao sistema de controlo. Os componentes físicos são utilizados para detetar o ambiente e transmitir o resultado ao sistema de controlo através da rede doméstica e também da sub-rede doméstica. A rede doméstica é um tipo de rede local (LAN), destina-se a ligar alguns dispositivos em casa e permite comunicar ou partilhar ficheiros entre si [56]. A sub-rede doméstica é também designada por sub-rede. A rede da organização que está dividida em sub-redes permite a ligação à Internet com um único endereço de rede partilhado [57]. Depois de o sistema de controlo obter os resultados dos componentes físicos, o sistema de controlo toma uma decisão e envia os dados de controlo para os actuadores através das redes domésticas.

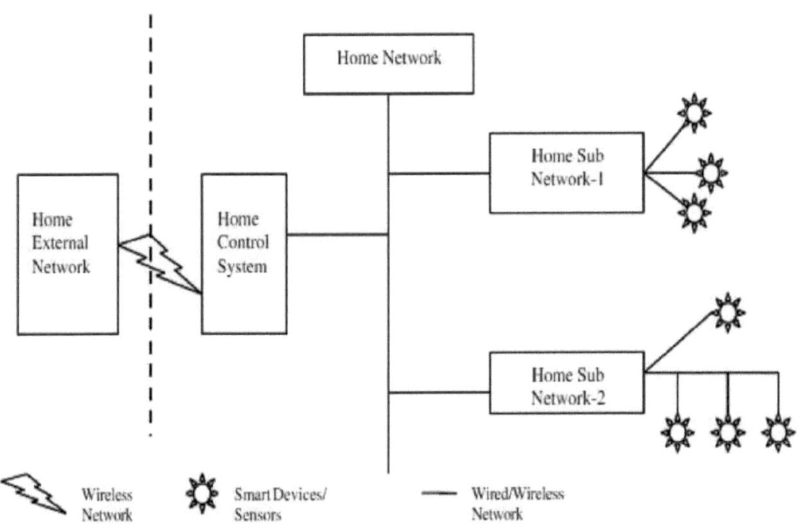

Figura 36: a estrutura básica do sistema doméstico inteligente

Componentes físicos

O papel dos componentes físicos é medir e recolher dados e depois enviá-los para o sistema de controlo através da rede doméstica.

Quadro 1: tipo de sensores, modos e aplicações

Sensação correta!)	Modo de deteção	Aplicações de sensores
Propriedades físicas	Pressão. Temperatura, luz. Humidade. Fluxo	Segurança sanitária, eficiência energética
Propriedades dos movimentos e das presenças	Posição. Angular. Velocidade, Aceleração, Direção, Distância	Segurança, Localização, Deteção de quedas
Agentes bioquímicos	Sólidos, Líquidos. Gases	Segurança e vigilância sanitária. Manutenção da piscina. Eficiência dos aspersores
Outros	Botões, som. Imagem	Utilizado para identificar pessoas e objectos, controlo de volume. Reconhecimento de fala. Compreensão do contexto

Estes sensores irão observar as relações dos utilizadores com os componentes da casa e reconhecer as actividades diárias dos utilizadores.

Sistema de controlo

O papel do sistema de controlo é ordenar os dados recebidos dos sensores. Existem dois tipos de modelos de aprendizagem automática que são utilizados na casa inteligente.

1. Nave bayes classifica: consiste em reconhecer a ação que corresponde à maior possibilidade para o conjunto de valores de sensores detectados.
2. Árvores de decisão: trata-se de estudar a descrição lógica das acções.

Sistema de comunicação

O papel do sistema de comunicação é transferir dados entre os componentes físicos e o sistema de controlo. Algumas das tecnologias sem fios mais utilizadas são WIFI, ZigBee, Bluetooth e WiMAX. O Bluetooth é a primeira interface sem fios utilizada na casa inteligente. Depois disso, a WIFI é amplamente utilizada porque o alcance da WiFi é muito maior do que o da Bluetooth. O WiFi utiliza a tecnologia IEEE 802.11, capaz de cobrir toda a casa. No entanto, a taxa de dados desce para menos de 1 MB à distância, consome mais energia e oferece menos segurança. O ZigBee tem baixo consumo de energia, baixo custo e é fácil de integrar no sistema de controlo de casas inteligentes. Assim, o Zigbee é o mais adequado para ser utilizado numa futura casa inteligente.

Quadro 2: Comparação entre os sistemas de comunicação

	Norma de protocolo	Banda de frequência/Hz	Taxa/bps	Consumo de energia	Segurança	Distância de transmissão
Bluetooth	802.15.1	2.4G	IM	>10mW	Elevado	10m
Wi-Fi	802.11b, 802.11g	2.4G/5G	11-54M	>10mW	Baixa	200m
WiMAX	802.16	2-11G	70M	>10mW	Médio	3OKrn
ZigBee	802.15.4	868/915M, 2,4G	2O-25OK	<10mW	Elevado	100m

[58]

Design de casa inteligente

1. Monitorização remota da casa

Desenvolver um sistema de rede de sensores domésticos inteligentes sem fios utilizando ZigBee e PSTN.

2. Monitorização do ambiente da casa (temperatura, radiação e humidade)

Conceção do sistema

O coordenador da rede ZigBee foi utilizado para controlar a comunicação de dados, estabelecer a ligação de comunicação e proteger as coisas dentro das redes. O nó ZigBee será utilizado para estabelecer uma rede com uma estrutura topológica em malha ou híbrida. Os nós ZigBee serão espalhados e enviarão todos os resultados dos sensores para o coordenador da rede através da rede. A rede GPRS será utilizada para transferir os resultados gerados pela rede ZigBee para o centro de monitorização. O centro de monitorização é utilizado para tratar os resultados gerados pelas redes Zigbee.

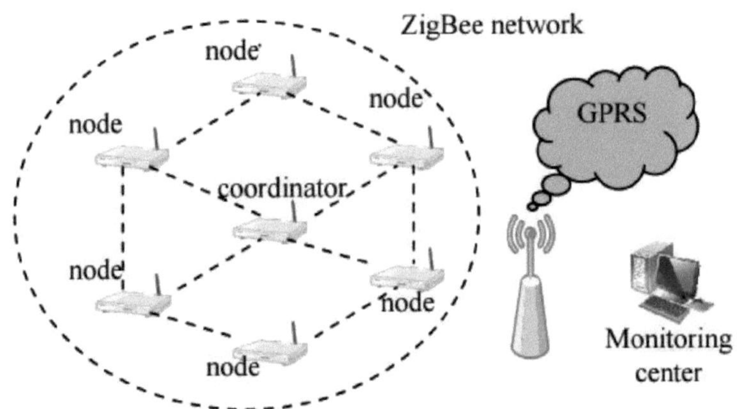

Figura 37: topologia de rede para um sistema doméstico inteligente

Neste sistema, assume-se que, independentemente do local onde os utilizadores se encontrem, o coordenador continuará a ligar-se ao centro de monitorização através de um computador que acede à rede Internet/GPRS. Todos os dados trocados entre o servidor e a rede podem ser obtidos. A CPU do coordenador da rede lê o conteúdo de um comando enviado pelo servidor. Em seguida, analisa esses dados, por exemplo, ligando o ar condicionado.

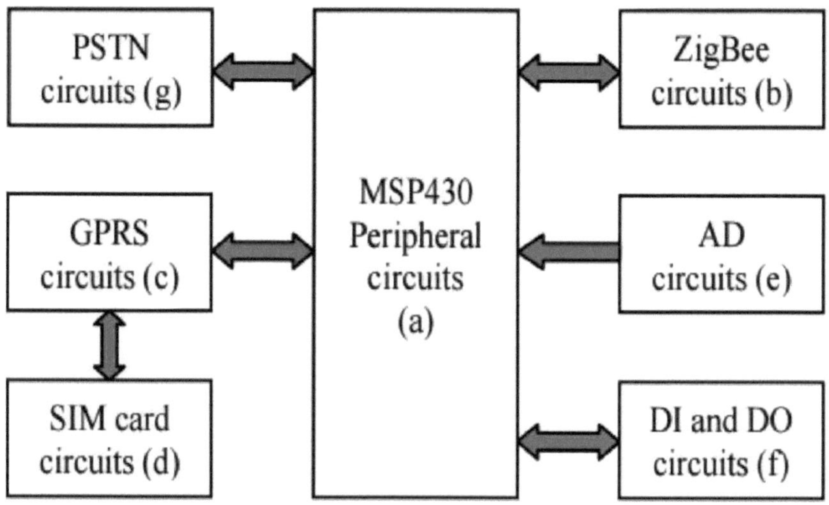

Figura 38: estrutura interna

O GPRS, o ZigBee e o microcontrolador são as partes mais importantes do coordenador de rede. Estes três módulos serão ligados através de portas de série. Com base na figura acima, as partes a, b e e formam e tornam-se um nó Zigbee típico e, em seguida, combinam-se com as partes c e d do nó, tornando-se o coordenador Zigbee. A parte g pode produzir sinal PSTN. A estrutura principal do alarme de segurança doméstica pode ligar-se à porta de ponta e de anel. Se o mainframe alarmar, a parte g extrairá os dados do alarme e o coordenador enviará a mensagem de alarme para o centro de monitorização [60].

As duas figuras seguintes são o diagrama do circuito Zigbee e GPRS.

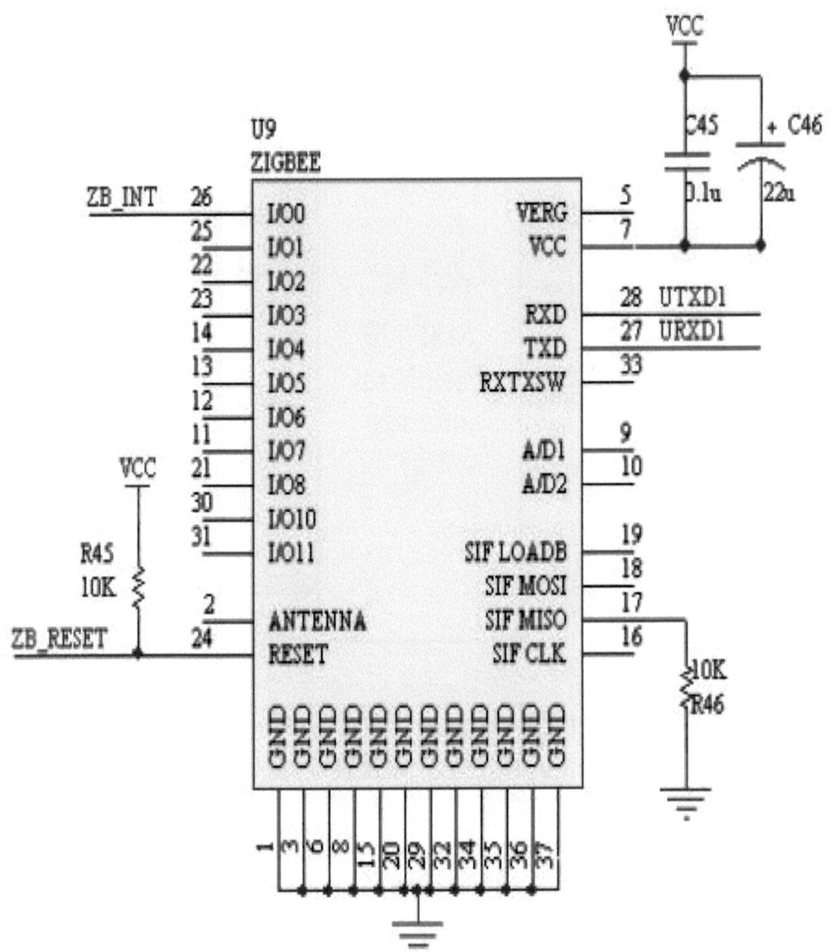

Figura 3930: Diagrama do circuito Zigbee

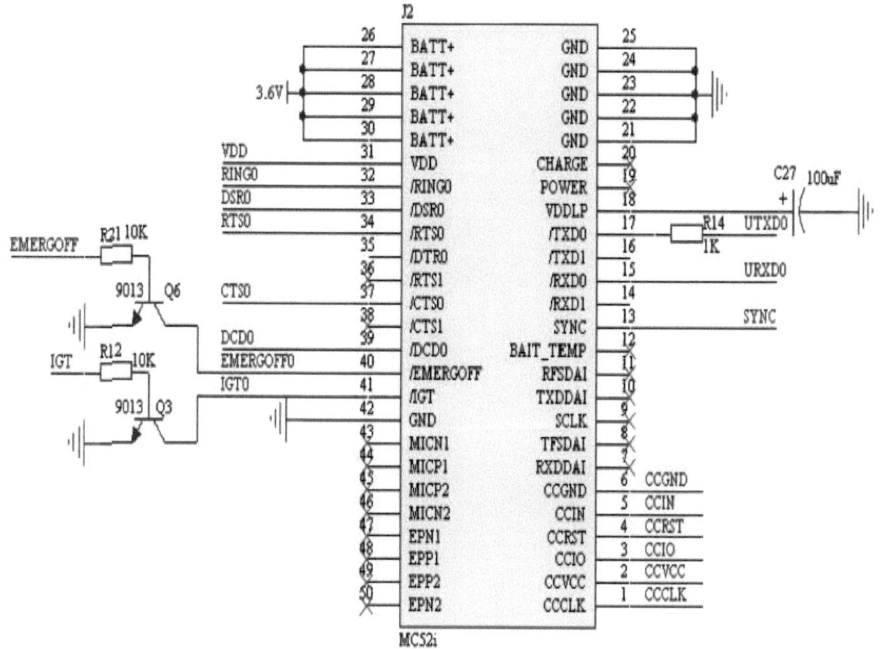

Figura 40: Diagrama do circuito GPRS

Capítulo 9. Aplicação de casa inteligente utilizando o software Labview

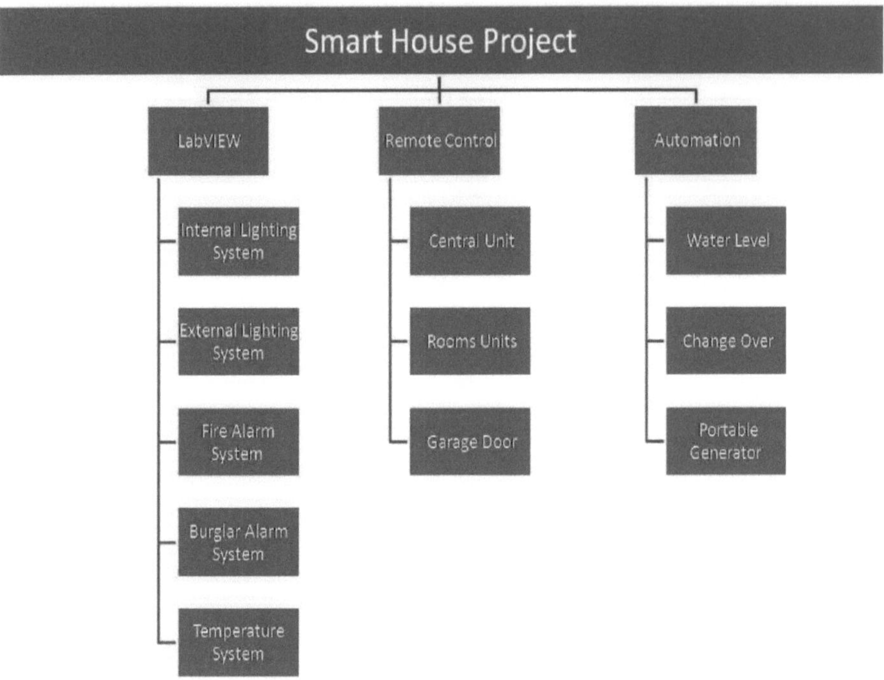

Figura 41: Casa inteligente

Como mostra o gráfico acima, esta casa inteligente é constituída por um sistema de iluminação interior e exterior, um sistema de alarme de incêndio, um sistema de alarme de temperatura e um sistema de alarme antirroubo para Labview. No lado do controlo remoto, a unidade central, as unidades dos quartos e o portão da garagem. Além disso, para o lado da automação, o nível de água, o interrutor e o gerador portátil.

O software Labview ajuda o utilizador a controlar todo o sistema. O utilizador pode controlar quaisquer alterações em todo o sistema a partir do ecrã do monitor.

Sistema de iluminação interior

O sensor de movimento PIR é utilizado no sistema de iluminação interna. O software Labview controla o nível de escurecimento e também o ligar/desligar da luz. Este sistema permite que a luz se acenda quando há algum movimento a passar. Este sistema também pode ser configurado para um temporizador.

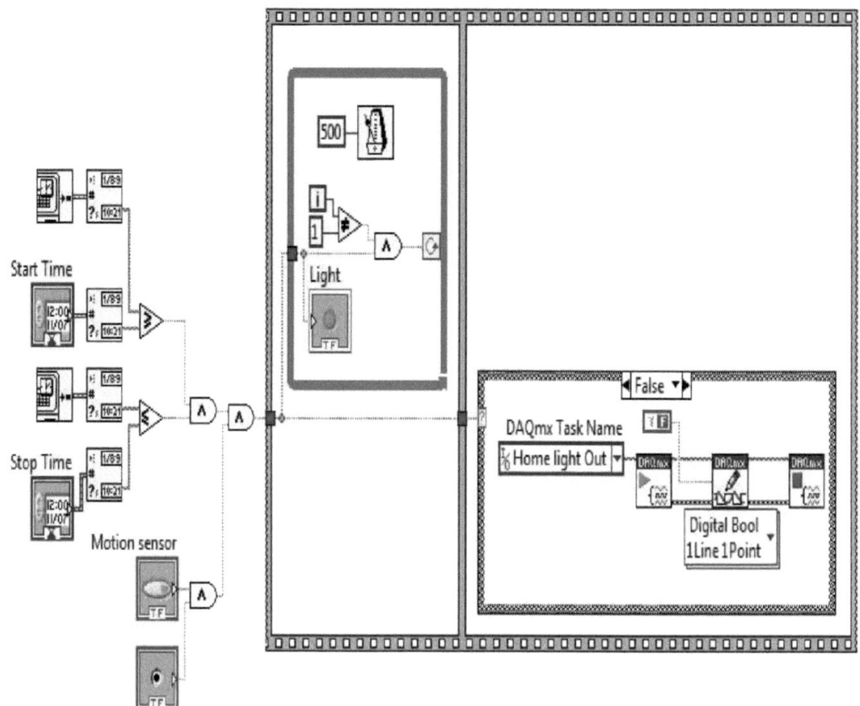

Figura 42: sistema de iluminação interior

Sistema de iluminação exterior

Este sistema é diferente do sistema de iluminação interna. O sistema depende da luz solar. Será utilizado um sensor para detetar a luminosidade e enviar os dados para o software Labview. O software Labview analisará e controlará as lâmpadas externas.

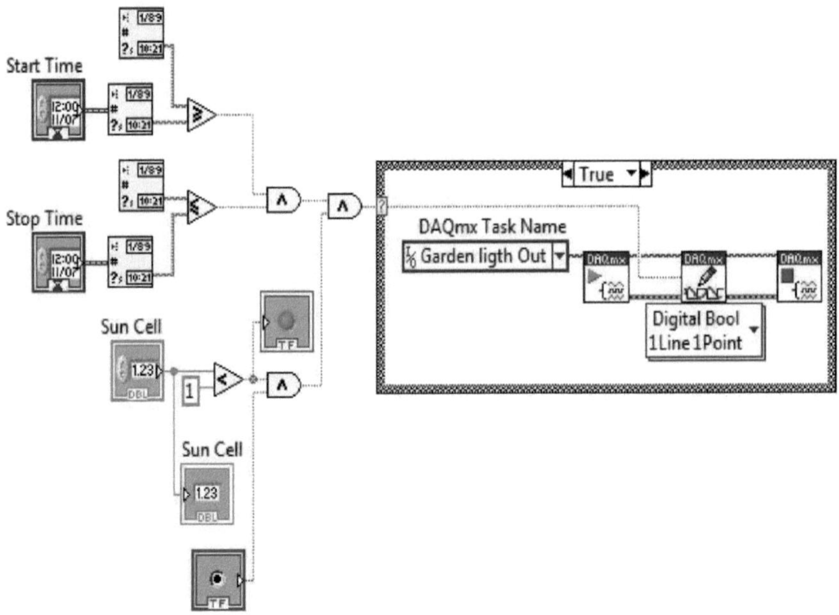

Figura 43: sistema de iluminação exterior

Sistema de alarme contra roubo e incêndio

Quando um ladrão ou incêndio acontece na casa, o sinal será enviado para o software labview. O Labview ligará então a sirene da casa. Além disso, o sinal também pode ser enviado para o telemóvel do utilizador através de SMS. Para além disso, o labview pode ser configurado para enviar um sinal para apagar o fogo.

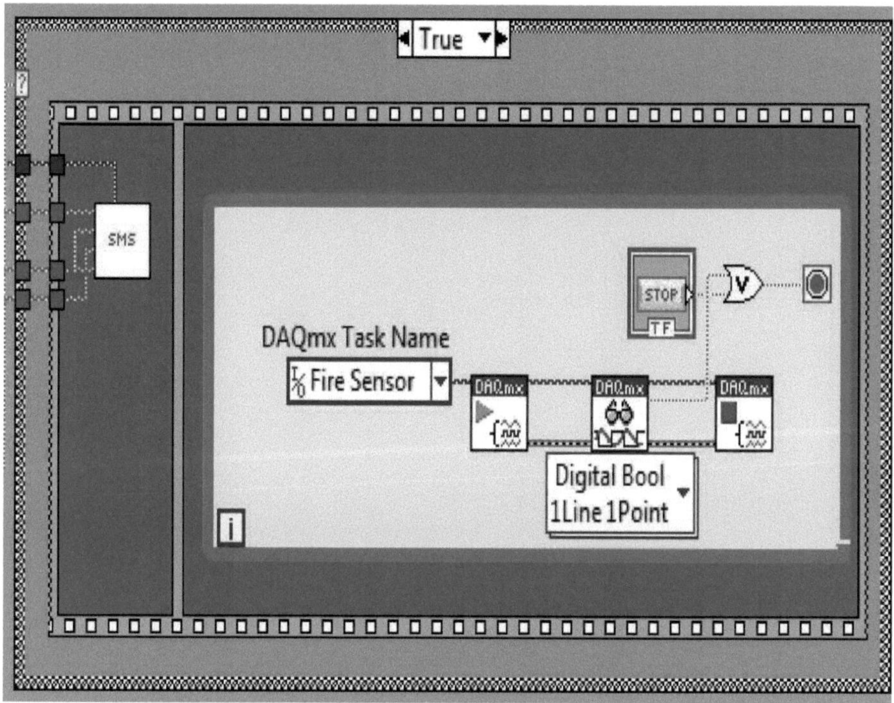

Figura 44: sistema de alarme contra incêndio e roubo

Sistema de temperatura

O sensor de temperatura é necessário neste sistema. O Labview lê o sinal do sensor e analisa-o utilizando o programa definido. O Labview envia então um sinal de aquecimento ou arrefecimento com base na temperatura necessária. Para o sistema de arrefecimento e aquecimento, foi utilizado o sistema PWM.

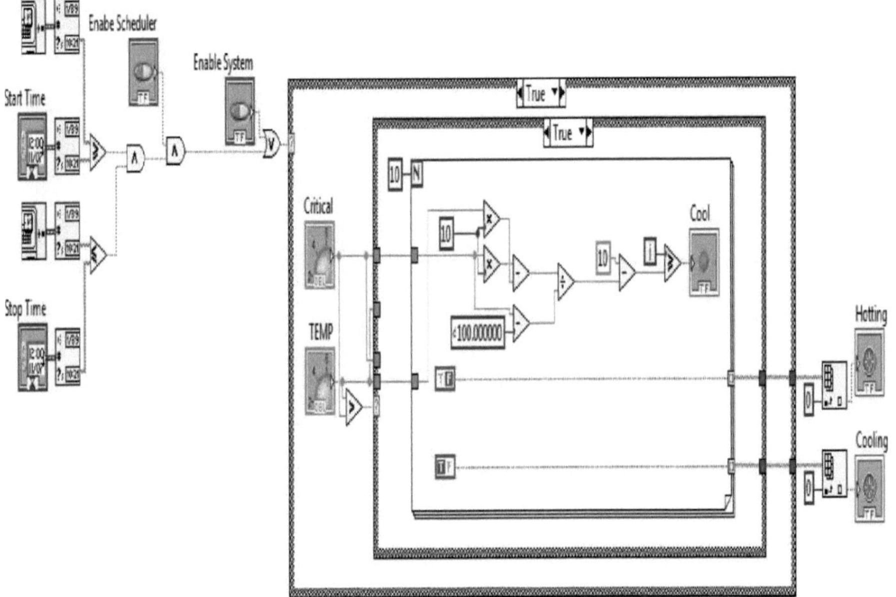

Figura 45: sistema de temperatura

Ecrã de configuração do software Labview

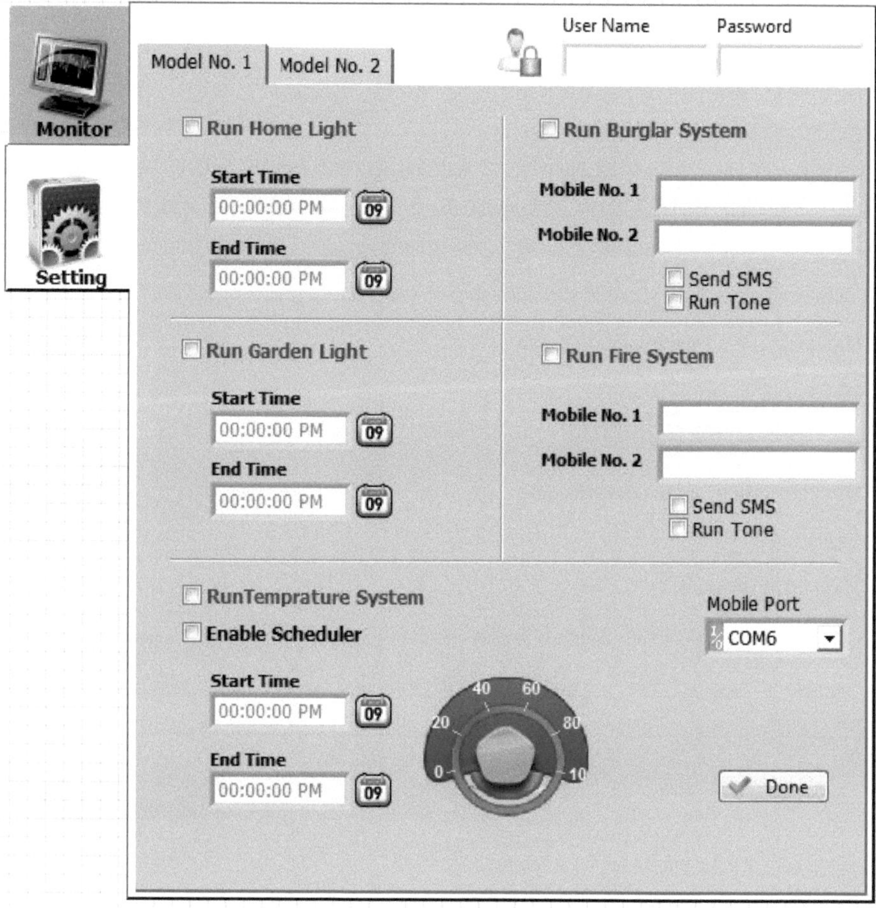

Figura 46: ecrã de configuração no software Labview

Como mostra a figura acima, o temporizador pode ser definido para a luz de casa, a luz do jardim e para o sistema de temperatura. O número de telemóvel pode ser introduzido no labview para enviar uma mensagem ao utilizador durante o sistema antirroubo e anti-incêndio [61].

Capítulo 10. 10 perguntas e respostas relacionadas com a rede de sensores sem fios

1. Qual era o objetivo inicial da rede de sensores sem fios?

Pode dizer-se que a rede de sensores sem fios (RSSF) começou por ser a primeira rede de sensores distribuída (DSN). Esta ideia foi inicialmente introduzida pelos militares em meados de 1900. Na altura, o principal objetivo desta tecnologia de deteção distribuída era localizar e distinguir submarinos. Este sistema específico foi designado por Sistema de Vigilância Sonora (SOSUS).

2. Na era atual, quais são algumas das aplicações de uma rede de sensores sem fios?

- Monitorização do ambiente/ecossistema
- Monitorização industrial
- Monitorização da saúde
- Monitorização do estado das estruturas
- Vigilância de segurança
- Monitorização sísmica

3. Qual é a função de um sumidouro na arquitetura estrutural de uma rede de sensores sem fios?

Um sumidouro funciona como um portão que monitoriza os dados que entram e saem do servidor da RSSF. Também se pode dizer que um sumidouro de rede actua como um nó que reúne dados funcionais e os transfere para o servidor da RSSF.

4. Quais são as 3 principais topologias que podem ser aplicadas a uma rede de sensores sem fios?

Topologia em estrela, em árvore e em malha.

5. Quais são os passos na construção do algoritmo necessário para a deteção de nós críticos?

- A matriz apresentada na rede é primeiro escrita.
- O nó final e o nó de origem são considerados nós críticos, desde que ambos os nós tenham apenas um único 1.
- São examinados os pares de nós ligados que têm valores correspondentes alternados.
- Este par de nós é então removido da matriz e o caminho desde a origem até ao fim é verificado. Se o caminho já não existir, então o par de nós é crítico e vice-versa.

6. Nomear e descrever as 3 fases da recolha de dados.

Fase de implantação, fase de difusão de mensagens de controlo e fase de entrega de dados. A fase de implantação aborda os problemas enfrentados no seu domínio de deteção. Na fase seguinte, a fase de difusão das mensagens de controlo, as mensagens de comando e/ou a configuração da rede são distribuídas entre os nós sensores e a estação de base. A última fase, que é a fase de entrega de dados, conclui o processo de recolha de dados.

7. Quais são os principais critérios que um sensor sem fios deve ter?

Pequena dimensão, baixo consumo de energia e baixo custo.

8. Porque é que os sensores sem fios precisam de ter um baixo consumo de energia?

Isto deve-se ao facto de existirem, pelo menos, centenas de nós numa rede de sensores sem fios. Se cada nó aumentar um pouco o consumo de energia, o resultado será um enorme aumento do consumo total de energia. Para além disso, há muitos nós sensores que utilizam baterias, pelo que um baixo consumo de energia pode permitir-lhe durar mais tempo.

9. Quais são as desvantagens da abordagem de implantação do tipo cobra?

Não se pode saber quando o algoritmo termina. Para além disso, não existe cobertura total no cenário abaixo. Podemos ver que, quando a serpente está de frente para a parede, a área atrás da parede não pode mais ser coberta.

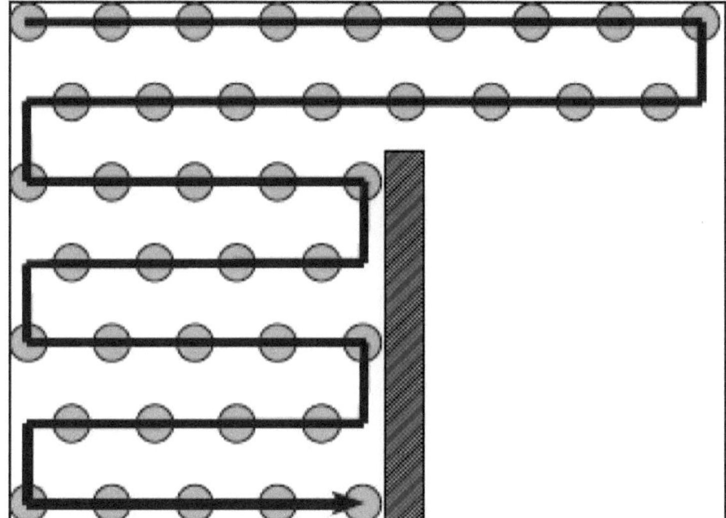

10. Que sistema de comunicação é mais adequado para uma casa inteligente?

Zigbee. Isto deve-se ao facto de, comparando o Zigbee com outros sistemas de comunicação como WiFi, blue tooth e Wimax, o Zigbee ter a maior segurança e ser capaz de cobrir um alcance de 100 m. Uma casa normal não necessita de mais de 100 m de cobertura. Além disso, o Zigbee tem um menor consumo de energia em comparação com outros sistemas de comunicação.

Referências

[1] Diagnóstico técnico. We/ess Sensor Wetworir [U/SWJ. Disponível: https:://www.techoped i a. com/d ef i n ition/25651/wireless-sensor-net work-wsn, Último acesso em 13 de setembro de 2015.

[2] C.-Y. Chong e S, P. Kumar, "Sensor networks: evolution, opportunities, and challenges," *Proceedings of the ¡EEE,,* vol. 91, no, 8, pp, 1247-1256, 2003.

[3] W. Dargie e C. Poellabauer, *Fundamentals of wireless sensor networks: theory and practice.* Wiley, com, 2010.

[4] R. T. Lacoss, "Distributed mixed sensor aircraft tracking," in American *Control Conference, 1987,* pp. 1827-1830, IEEE, 1987.

[5] G. J. Pottie, "Wireless integrated network sensors {WINS): the web gets physical", em *Frontiers of Engineering: Reports on Leading-Edge Engineering from the 2001 NAE Symposium on Frontiers of Engineering,* p. 78, National Academies Press, 2002.

[6] G, J, Pottie e W. J. Kaiser, "Wireless integrated network sensors," *Communications of the ACM,* vol. 43, no. 5, pp. 51-53, 2000.

[7] S. Vardhan, M, Wilczynskl, G. Portie, e W. J. Kaiser, "Wireless integrated network sensors (WINS): distributed in situ sensing for mission and flight systems," in *Aerospace Conference Proceedings, 2000 IEEE,* vol. 7, pp. 459-463, IEEE, 2000.

[8] W. J, Kaiser, K. Suit, A. Burstein, D, Chang, *et al.,* "Wireless integrated microsensors," in *Technical Digest of the 1996 Solid State Sensor and Actuator Workshop,* 06 1996,

[9] G. Asada, A. Burstein, D. Chang, M. Dong, M. Fielding, E. Kruglick, J. Ho, F. Lin, T. Lin, H. Marcy, *et al.,* "Low power wireless communication and signal processing circuits for distributed microsensors," in *Circuits and Systems, 1997. ISCAS'97, Actas do Simpósio Internacional IEEE de 1997,* vol. 4, pp. 2817-2820, IEEE, 1997.

[10] J. Rabaey, J. Ammer, J. da Silva Jr, e D. Patel, "PicoRadio: Rede ad-hoc sem fios de nós sensores/monitores ubíquos de baixo consumo de energia", em *VLSI, 2000. Actas. IEEE Computer Society Workshop* on, pp. 9-12, IEEE, 2000.

[11] J. Da Silva Jr., M. JS, C. G. Ammer, S. Li, R. Shah, T. Tuan, M. Sheets, J. Ragaey, B. Nikolic, A. Sangiovanni-Vincentelli, *et al.,* "Design methodology for Pico Radio networks", *Berkeley Wireless Research Center,* 2001.

[12] J. M. Kahn, R. H. Katz e K. S. Pister, "Next century challenges: mobile networking for Smart Dust", em *Proceedings of the 5th annual ACM/IEEE international conference on Mobile computing and networking,* pp. 271-278, ACM, 1999.

[13] K. S. Pister, J. M. Kahn, B. E. Eoser, *etui.,* "Smart dust: Wireless networks of millimeter scale sensor nodes," *Artigo de destaque em,* p. 2, 1999.

[14] "investigação pAMPS". URL: http://www-mt I. m it. ed u/re sea rchgrou p s/i csyste m s/u a m ps/ res e a rch/ove rvi e w.shtm I, 2004. Acedido em: 2013-11-08.

[15] B. **H,** Calhoun, D. C. Daly, N. Verma, **D.** F. Finchelstein, D. D. Wentzloff, A. Wang, S.-H. Cho, e A, P. Chand rakasan, "Design considerations for ultra-low energy wireless microsensor nodes", *Computers, IEEE Transactions on,* vol. 54, no, 6, pp. 727-740, 2005.

[16] J. A. Gutierrez, M. Naeve, **E.** Callaway, M. Bourgeois, V. Mitter e **B.** Heile, "IEEE 002.15.4: a developing standard for low-power low-cost wireless personal area networks", network, *IEEE,* vol. 15, no. 5, pp. 12-19, 2001.

[17] "A aliança ZigBee". URL: http://www.zigbee.org/About/AboutAlliance/TheAIllance.aspx,

2014. Acedido em: 201402-26.

[18] "Sítio Web oficial da fundação de comunicações HART". URL: http://www.hartcomm.org/, 2014 Acedido em: 2014-02-26.

[19] "Grupo de trabalho 6LoWPAN". URL: http://www.ietf.org/dyn/wg/charter/6lowpan-charter.html, 2014. Acedido em: 2014-02-26.

[20] "Requisitos para suporte de aplicações e serviços de rede de sensores ubíquos (USNJ) no ambiente NGN". Recomendação ITU-T Y.2221 [2010].

[21] J. Yick, B. Mukherjee e D. Ghosal, "Wireless sensor network survey/ *Computer networks,va\\.* 52, no. 12, pp. 2292-2330, 2008.

[22] G. Simon, M. Mar'oti,' A. L'edeczi, G. Balogh, B. Kusy, A. N'adas, G. Pap, J. Sallai, e **K.** Frampton, "Sensor network-based countersniper system/' in *Proceedings of the 2nd international conference on Embedded networked sensor systems,* pp. 1-12, ACM, 2004.

[23] J. Yick, B. Mukherjee e D. Ghosal, "Analysis of a predict ion-based mobility adaptive tracking algorithm", em *Broadband Networks, 2005. Broad Nets 2005. 2nd International Conference on,* pp. 753-760, IEEE, 2005.

[24] T. Gao, D. Greenspan, M. Welsh, R. Juang e A. Alm, "Vital signs monitoring and patient tracking over a wireless network," in *Engineering in Medicine and Biology Society, 2005. 1EEE-EMBS 2005. 27.ª Conferência Internacional Anual do,* pp. 102105, IEEE, 2006.

[25] K. Lorincz, D. J. Malan, T. R. Fulford-Jones, A. Nawoj, A. Clavel, V. Shnayder, G. Mainland, M. Welsh, e S. Moulton, "Sensor networks for emergency response: challenges and opportunities," *Pervasive Computing, IEEE,* vol. 3, no. 4, pp. 16-23, 2004.

[26] M. Castlllo-Effer, D. H. Quintela, W. Moreno, R. Jordan, e W. Westhoff, "Wireless sensor networks for flash-flood alert/ in *Devices, Circuits and Systems, 2004. Actas da Quinta Conferência Internacional de Caracas do IEEE,* vol. 1, pp. 142-146, IEEE, 2004.

[27] G. Wener-Allen, K. Lorincz, M. Ruiz, 0. Marcillo, J. Johnson, J. Lees, e M. Walsh, "Deploying a wireless sensor network on an active volcano, data-driven applications in sensor networks (special issue)," *IEEE Internet Computing,* vol. 2, pp. 18-25, 2006.

[28] Kazem Sohraby, Daniel Minoli, Taieb Znati (2007). *Wireless Sensor Networks (Redes de sensores sem fios).* New York City: JOHN WILEY & SONS, INC., PUBLICATION. pl9-21.

[29] All, N.A., Drieberg, M.; Sebastian, P.. [2011). *Publicações da Conferência* Brotvse > *Aplicações Informáticas e Ind... Ajuda a trabalhar com resumos Implantação do moteMICAz para aplicações de redes de sensores sem fio.* Disponível: http://ieeexplo re. ieee.org/xpl/login .jsp?tp=&arnumber=616215O&url=http%3Af62F962Fieeexplore.ieee.orgJ42Fxpls%2Fabs_all.jsp%3 Farnumber%3D6162150. Último acesso em 13 de setembro 2 015.

[30] MEMSIC. *MICAz.* Disponível:http://www.memsic.com/userfiles/files/Datasheets/WSN/micaz_datasheet-t.pdf. Último acesso em 13 de setembro de 2015.

[31] Indiamart. *Lótus.* Disponível :http://www.indiamart.com/intrinsic-solutions/products.html. Último acesso em 13 de setembro de 2015.

[32] Eng Alshaboti.(2011). *Utilizar o botão do utilizador no TELOSB para multi-func.* Disponívelzhttp:// wsn- tinyos.blogspot.my/2011/ll/using-user-b utton-in-telosb-for-mijlti.html. Último acesso em 13th Sept 2015.

[33] Memsic. *Nós WSN.* Disponível em: http://www.memsic.com/wireless-sensor-networks/MCS410CA. Último acesso em 13 de setembro de 2015.

[34] MEMSIC. *IRIS.* Disponível: http://www.memsic.com/userfiles/files/Datasheets/WSN/IRIS_Datasheet.pdf. Último acesso em 13 de setembro de 2015.

[35] C. Buratti, A. Conti, D. Dardari, e R. Verdone, "An overview on wireless sensor networks technology and evolution," *Sensors,* vol. 9, no. 9, pp. 6369-6396, 2009.

[36] Majid Ahmad "Critical Node Detection in Large Scale Mobile Ad hoc Networks" (Deteção de nós críticos em redes móveis ad hoc de grande escala) Faculdade de Ciências da Computação e Estudos de Sistemas, Universidade de Mewar, Chittorgarh, Índia (2013); PP 34 - 37

[37] Mary Mathews, Min Song, Sachin Shetty, Rick McKenzie. (2D07).*Detetar/n^Nós* comprometidos *em redes de sensores sem fio* .Disponível: http://citeseerx.ist.psu.edu/viewdoc/download?doi=10.1.1.303.1074&rep= nep l&type= pdf. Último acesso em 13 de setembro de 2015.

[38] Tao Cuij Lijun Chen, Tracey Ho, Steven **H.** Low, e Lachlan L H. Andrew, "Opportunistic Source Coding for Data Gathering in Wireless Sensor Networks", 2007.

[39] Prem Prakash Jayaraman, Arkady Zaslavsky, Jerker Delsing, "Cost Efficient Data Collection of Sensory Originated Data using Context-Aware Mobile Devices", 27-30 de abril de 2008.

[40] Masaaki Takahashi, Bin Tang e Neeraj Jaggi, "Energy Efficient Data Preservation in Intermittently Connected Sensor Networks" (Preservação de dados com eficiência energética em redes de sensores com ligação intermitente), Third International Workshop on Wireless Sensor, Actuator, Robot Networks (Terceiro workshop internacional sobre redes de sensores, actuadores e robôs sem fios), 2011, pp.596-601.

[41] Feng Wang e Jiangchuan Liu, "Networked Wireless Sensor Data Collection: Issues, Challenges, and Approaches", IEEE Communications Surveys & Tutorials for Possible Publication, 2011.

[42] Yang Yu, Bhaskar Krishnamachari e Viktor K. Prasanna, "'Energy-Latency Tradeoffs for Data Gathering in Wireless Sensor Networks" (Compensações entre energia e latência para recolha de dados em redes de sensores sem fios)

[43] Christelle Caillouet, Xu Li, e Tahiry Razafindralambo, "A Multi-objective Approach for Data Collection in Wireless Sensor Networks", 2011.

[44] Mujdat Soyturk, Halil Cicibas e Omer Una I, "Real Time Data Acquisition in Wireless Sensor Networks" (Aquisição de dados em tempo real em redes de sensores sem fios), Turquia, 2010, capítulo 4.

[45] Vibhav Kumar Sachan, Syed Akhtar Imam, M. T. Beg. (2012). Revista Internacional de Aplicações Informáticas. *Energy-efficient Communication Methods in Wireless Sensor Networks: A Critical Review.* 39 {17), p38-41.

[46] Z.M. Wang, S. Basagni, E. Melachrinoudis, C. Petrioli, "Exploiting sink mobility for maximizing sensor networks life time", Proc. 33th Annual Hawaii International Conference on System Sciences (HICSS05), Hawaii, January 03-06, 2005.

[47] S.R. Gand ham , M.Dawande, R. Prakash , S. Venkatesan, "Energy efficient schemes for wireless sensor networks with multiple mobile base stations", Proc. IEEE Globe CDM 2003 , San Francisco, CA, December 1-5, vol. 1, 2003, pp. 377-381.

[48] I. Papadimitriou, L. Georgiadis, "Energy -aware routing to maximize lifetime in wireless sensor networks with mobile sink", journal of Communications software and Systems, vol.2, issue 2, 2006, pp. 141-151.

[49] G. Anastasi , M. Conti, A. Passarellia, L. Pelusi, "Mobile- relay forwarding in opportunistic networks", M. Ibnkahla, Adaptation and Cross Layer Design n Wireless Networks, {Chapter 13), Taylor and Francis, Newyork, USA, julho de 2008.

[50] H, Jun, W. Zhao, M. Ammar, E.Zegura, C, Lee, 'Trading latency far Energy in Wireless ad hoc networks using message ferrying-" , Proc. IEEE Per COM Workshop, Workshop Internacional sobre Redes sem Fios Pervasivas (PWN 2005), março de 2005.

[51] W. Zhao, M. Ammar, E.Zegura,'J A message ferrying approach for data delivery in sparse mobile ad hoc networks", proc. ACM MobiHoc 2004, Tóquio, Japão, maio de 2004.

[52] S. Jain, R. Shah, W. Brunette, S. Roy, "Exploiting mobility for energy efficient data collection in wireless sensor networks", ACM/Springer Mobile Networks and Applications, vol. 11, 2006, pp. 327-339.

[53] R.C. Shah, S. Roy, S. Jain, W. Brunette, "Data MULEs : modelling a three- tier architecture for sparse sensor networks, Proc. IEEE International Workshop on Sensor Network Protocols and Applications (SNPA 2003), May 11, 2003, pp. 30-41.

[54] Y. Zou, K. Chakrabarty "Target Localization based on Energy considerations in distributed Sensor Networks" Elsevier, Ad hoc Network 1, pp.261-272, 2007.

[55] Rahul Gupta e Samir R. Das, "Tracking Moving Targets in a Smart Sensor Network" Tech. Rep., Universidade da Califórnia, Davis, 2007.

[56] Jason Meszaros. (2015}. *Rede doméstica.* Disponível: http://searchnetworking.techtarget.com/definition/home-network. Último acesso em 13 de setembro de 2015.

[57] Alex Gibbs. (2015). *definição de sub-rede (subnetwork).* Disponível em: http://searchnetworking.techtarget.com/definition/subnet. Último acesso em 13 de setembro de 2015.

[58] R.Kavitha. (2012). Revista Internacional de Engenharia e Tecnologia de Computadores (IJCET), SMART HOME SYSTEMS USI. *REVISTA INTERNACIONAL DE TECNOLOGIA DE ENGENHARIA INFORMÁTICA (IJCET).* 3 (3), p94-103.

[59] UVM. (2015). *PROJECTO DE REDES DE SENSORES SEM FIOS.* Disponível: http://www.uvm.edu/ru muse/MUSE-Coursepack-InstructorManual.pdf. Último acesso em 13 de setembro de 2015.

[60] Ming Xu. {2015]. Projeto e implementação de uma rede de sensores sem fios para casas inteligentes . . 1 {1), pl-4.

[61] AbedAllah A. Al-Tahrawi. (2013). aplicação de casa inteligente. *Aplicação SMART HOUSE via LabVIEW.* 1 {1), pl-5.

[62] Amiya Nayak e Ivan Stojmenovic, "Wireless Sensor and Actuator Networks- Algorithms and protocols for Scalable Coordination and Data Communication" (Redes de sensores e actuadores sem fios - Algoritmos e protocolos para coordenação escalável e comunicação de dados).

[63] SiliconLabs , (2013). *A evolução das redes de sensores sem fios.* Disponível http://www.silabs.com/Support9S20DocuiTienits/TechnicalDacs/evolution-of-wireless- sensor-networks.pdf. Último acesso em 13 de setembro de 2015.

[64] Qjnghua Wang, llangko Ba lasingham. (2010). *Redes de sensores sem fios - uma introdução.* Disponível em: http://cdn.intechopen.com/pdfs-wm/124i4.pdf. Último acesso em 13 de setembro de 2015.

[65] Bhaskar Krishnamachari. (2005), *An Introduction to Wireless Sensor Networks.* Disponível: http://ceng.usc.edu/~bkrishna/research/talks/WSN_Tutonal_Krishnamachari_ICISI P05.pdf. Último acesso em 13 de setembro de 2015.

[66] I.F. Akyildiz, W. Su*, Y. Sankaras Libra ma niam, E. Cayirci. (2001). *Wireless sensor networks: a survey.* Disponível: http://www.ece.gatech.edu/research/labs/bwn/surveYs/sensornet5.pdf. Último acesso em 13 de setembro de 2015.

Printed by Books on Demand GmbH, Norderstedt / Germany